发现黄帝城

涿鹿故城及周边遗址考古工作报告

(2014—2018)

魏东／主编

赵晓芳　邵会秋　王春雪／副主编

上海古籍出版社

图书在版编目(CIP)数据

发现黄帝城:涿鹿故城及周边遗址考古工作报告:2014-2018 / 魏东主编;赵晓芳,邵会秋,王春雪副主编. —上海:上海古籍出版社,2021.12
ISBN 978-7-5732-0207-9

Ⅰ.①发… Ⅱ.①魏…②赵…③邵…④王… Ⅲ.①考古发掘-发掘报告-汇编-涿鹿县-2014-2018 Ⅳ.①K872.224

中国版本图书馆CIP数据核字(2021)第267377号

发现黄帝城
——涿鹿故城及周边遗址考古工作报告(2014-2018)
魏 东 主编

赵晓芳 邵会秋 王春雪 副主编

上海古籍出版社出版发行

(上海市闵行区号景路159弄1-5号A座5F 邮政编码201101)

(1)网址:www.guji.com.cn

(2)E-mail:guji1@guji.com.cn

(3)易文网网址:www.ewen.co

上海雅昌艺术印刷有限公司印刷

开本889×1194 1/16 印张7.5 插页24 字数173,000

2021年12月第1版 2021年12月第1次印刷

ISBN 978-7-5732-0207-9

K·3119 定价:128.00元

如有质量问题,请与承印公司联系

目　录

"涿鹿故城及周边遗址的考古勘探与调查"项目工作概要 …………………………（1）

涿鹿故城遗址发现与研究述略………………………………………………………（3）

涿鹿故城遗址2016年度发掘简报 …………………………………………………（7）

涿鹿故城遗址西城墙试掘简报………………………………………………………（23）

涿鹿故城遗址M1清理简报…………………………………………………………（28）

涿鹿故城遗址M2发掘简报…………………………………………………………（47）

河北省涿鹿县罗盘地遗址调查和试掘简报…………………………………………（69）

河北省涿鹿县旧石器遗存调查发现与初步研究……………………………………（79）

河北省涿鹿县煤沟梁遗址出土一批新石器时代陶、石器……………………………（94）

河北省涿鹿县陈家坟疙瘩遗址与倒拉嘴遗址的调查………………………………（100）

涿鹿故城遗址新发现的鹿纹和人面纹瓦当…………………………………………（106）

后记……………………………………………………………………………………（114）

图版……………………………………………………………………………………（117）

图 版 目 录

图版一　涿鹿故城遗址M1出土铜豆（M1：1）

图版二　涿鹿故城遗址M1出土铜豆（M1：1）线图

图版三　涿鹿故城遗址M1出土铜敦（M1：2）

图版四　涿鹿故城遗址M1出土铜敦（M1：2）线图

图版五　涿鹿故城遗址M1出土铜鼎（M1：22）

图版六　涿鹿故城遗址M1出土铜鼎（M1：22）线图

图版七　涿鹿故城遗址M1出土铜盘（M1：24）

图版八　涿鹿故城遗址M1出土铜盘（M1：24）线图

图版九　涿鹿故城遗址M1出土铜鼎（M1：25）

图版一〇　涿鹿故城遗址M1出土铜鼎（M1：25）线图

图版一一　涿鹿故城遗址M1出土铜匜（M1：26）

图版一二　涿鹿故城遗址M1出土铜匜（M1：26）线图

图版一三　涿鹿故城遗址M1出土铜壶（M1：28）

图版一四　涿鹿故城遗址M1出土铜壶（M1：28）线图

图版一五　涿鹿故城遗址M1出土铜鼎（M1：29）

图版一六　涿鹿故城遗址M1出土铜鼎（M1：29）线图

图版一七　涿鹿故城遗址M1出土彩绘陶壶（M1：31）

图版一八　涿鹿故城遗址M1出土彩绘陶壶（M1：31）线图

图版一九　涿鹿故城遗址M2出土铜豆（M2：29）

图版二〇　涿鹿故城遗址M2出土铜豆（M2：29）线图

图版二一　涿鹿故城遗址M2出土铜豆（M2：30）

图版二二　涿鹿故城遗址M2出土铜豆（M2：30）线图

图版二三　涿鹿故城遗址M2出土铜壶（M2：35）

图版二四　涿鹿故城遗址M2出土铜壶（M2：35）线图

图版二五　涿鹿故城遗址M2出土铜鼎（M2：38）

图版二六　涿鹿故城遗址M2出土铜鼎（M2：38）线图

图版二七　涿鹿故城遗址M2出土铜鼎（M2：39）

图版二八　涿鹿故城遗址M2出土铜鼎（M2：39）线图

图版二九　涿鹿故城遗址M2出土铜鼎（M2：40）

图版三〇　涿鹿故城遗址M2出土铜鼎（M2:40）线图
图版三一　涿鹿故城遗址M2出土铜鼎（M2:41）
图版三二　涿鹿故城遗址M2出土铜鼎（M2:41）
图版三三　涿鹿故城遗址M2出土陶双联壶（M2:37）
图版三四　涿鹿故城遗址M2出土陶双联壶（M2:37）线图
图版三五　涿鹿故城遗址M2出土玉器、石饰

"涿鹿故城及周边遗址的考古勘探与调查"项目工作概要

2014年6-10月,河北省文物研究所、吉林大学边疆考古研究中心联合对涿鹿故城遗址进行科学发掘,发掘面积共500平方米。该次发掘领队为刘连强,执行领队为魏东、邵会秋。参与发掘的工作人员包括涿鹿县文物局的专业技术人员3名和吉林大学文学院文物与博物馆系2012级本科生30名。

2015年11月,受涿鹿县文化体育广电新闻出版局委托,吉林大学边疆考古研究中心承担"涿鹿故城及周边遗址的考古勘探与调查"项目。项目负责人为魏东,主要参加者为邵会秋、王春雪等。

2015年12月,吉林大学边疆考古研究中心与涿鹿县文物局共同组建的"涿鹿故城及周边遗址的考古勘探与调查"项目组(后文简称"项目组")成立。

2016年1-6月,项目组对涿鹿县境内已有考古调查、试掘成果进行汇总分析,对涿鹿县博物馆部分馆藏文物也进行了整理。通过数次工作会议,确定了后续工作规划与实施流程。

2016-2018年,项目组在考古勘探、调查和试掘三个方面陆续开展了一系列工作。

2018年12月,项目组提交工作报告,通过涿鹿县文化体育广电新闻出版局组织的专家验收。在该项目运行过程中,主要完成了以下几方面工作。

一、考古勘探工作

考古勘探工作的重点为涿鹿故城遗址和釜山遗址。工作目的为探明遗址范围和平面布局。该项工作的负责人为李文斌、赵晓芳。主要参加者为常海鑫、郭海明、聂忠智。

2016年4月4日至5月10日,依据《中华人民共和国文物保护法》《中华人民共和国文物保护法实施细则》《河北省实施〈中华人民共和国文物保护法〉办法》等相关法律法规的规定,项目组组织技术力量,对涿鹿故城遗址开展了第一次考古勘探工作。重点勘探区域西北角GPS坐标:北纬40°13′28.11″,东经115°23′56.98″;西南角GPS坐标:北纬40°13′12.82″,东经115°23′59.00″;东北角GPS坐标:北纬40°13′29.19″,东经115°24′13.71″;东南角GPS坐标:北纬40°13′10.75″,东经115°24′10.72″。勘探面积共178 500平方米。勘探结果初步判定遗址内现存灰坑、墓葬、井、窑址和疑似道路等遗迹近70处。

2016年10月9-29日,项目组对涿鹿故城遗址开展了第二次考古勘探工作。重点工作区域为涿鹿故城现存城墙、城墙内2米,以及北、南、东城墙外10米和西城墙外40米范围,勘探面积共58 000平方米。勘探结果明确了现存城墙的基本结构、营造方式,并为探讨该遗址布局和使用沿革提供了实证。

2017年4月26日至5月7日,项目组对保岱镇窑子头村釜山遗址进行了考古勘探。勘探工作区西北角GPS坐标:北纬40°17′52.42″,东经115°06′47.05″;西南角GPS坐标:北纬40°17′47.12″,东经115°06′45.30″;东北角GPS坐标:北纬40°17′50.67″,东经115°06′56.85″;东南角GPS坐标:北纬40°17′47.12″,东经115°06′55.30″。勘探面积共37 000平方米。勘探结果明确了该遗址的地层堆积情况,并探明了两处建筑倒塌堆积的分布范围。勘探过程中采集了数件建筑构件标本。

二、考古调查工作

2016年7-8月,项目组组织专业技术人员,对县境内的旧石器时代遗存、新石器时代遗存和历史时期遗存进行了田野调查。调查工作的重点一为复查以往考古调查材料现状,二为寻找新的遗址。

该项工作负责人为王春雪、邵会秋。

主要参加者为李文斌、赵晓芳、常海鑫、郭海明、林森、王雅艺、王雪岩、石嫦静。

三、试掘与抢救性发掘工作

2016年7-8月,项目组组织专业技术人员,对涿鹿故城遗址城内西部区域进行了小面积试掘。同时对遗址内的2座墓葬进行了抢救性发掘。

该项工作负责人为魏东、邵会秋、李文斌。

主要参加者为赵晓芳、常海鑫、郭海明、王永迪、王雅艺、刘妍、马晟、詹芃、杨艺洁、张文珊、丁睿、朱冠儒、张宇亮、根呷扎西、王文彬、姬美娇、邓梅格、纪梦宁、蔡俊芝、王盼盼、石金凤、牟牧君、徐洋、马梦媛。

四、文物保护与修复工作

2016年10月至2017年6月,项目组组织专业技术人员,对调查采集、发掘出土的文物进行了修复。

该项工作负责人为李文斌,主要参加者为赵立辉等。

五、材料整理和刊布工作

2017年7-12月,项目组对勘探与试掘获取的考古资料进行了系统整理。

该项工作负责人为邵会秋、魏东。主要参加者为詹芃、杨艺洁、张文珊、丁睿、朱冠儒、张宇亮。

文物摄影与绘图工作由林雪川、李光辉完成。

涿鹿故城遗址发现与研究述略

涿鹿县位于河北省西北部永定河上游，隶属于河北省张家口市，地处太行山余脉与燕山山脉交汇处，属冀西北山间盆地区，北部桑干河横贯东西。涿鹿历史悠久，旧石器时期就有人类在此繁衍。约在4700年前，涿鹿一带发生了中国历史上著名的"涿鹿之战"和"阪泉之战"。轩辕黄帝擒蚩尤、伏炎帝之后，统一华夏，合符釜山，定都涿鹿，开创了中华千古文明。县域内至今保存有涿鹿故城（黄帝城）、黄帝泉、涿鹿山、涿鹿之野、桥山、蚩尤寨、蚩尤泉、釜山等多处古遗址遗迹。

新中国成立后，随着考古学研究的发展，学界对古遗址的考古调查和研究越来越重视，并且取得了令人瞩目的成就。涿鹿故城遗址也在考古调查和研究等方面有了显著的进展。

涿鹿故城位于河北省涿鹿县矾山镇三堡村北的一处台地上，地处涿鹿县矾山盆地中，海拔高度为733米。遗址东北角地理坐标为北纬40°13′32.3″，东经115°24′18.4″。遗址平面呈不规则方形，南北长510~540米，东西宽450~500米，面积约为250 000平方米。城址周围存有高低不等的城墙。除东城墙南段被轩辕湖浸泡外，其余墙体保存较为完整。城内遗物较丰富，以灰陶片和瓦片为主，另有少量的石制品。

涿鹿故城当地百姓一直称之为"黄帝城"，建国后古城内外已被村民开垦为农田，村民在耕地时经常在城内地表发现大量的碎陶片，当地人都盛传古城内有宝物。司马迁《史记·五帝本纪》中有黄帝"北逐荤粥，合符釜山，而邑于涿鹿之阿"的记载。加之涿鹿当地流传有很多关于黄帝、炎帝以及蚩尤的传说，因此当地人认为这个古城很可能就是传说中黄帝所建的都城，便将其称之为"黄帝城"。

20世纪50年代以来，专家、学者们辛勤工作，索微探幽，在涿鹿故城及其周边遗址的考古调查和考古研究方面取得了一系列成果。60多年来，涿鹿故城在考古调查与研究方面经历了以下三个阶段。

第一个阶段是20世纪50年代至80年代，初步调查阶段。由于与涿鹿故城相关的文献记载甚少，长期以来未被人们所注意，50年代以前，涿鹿故城的考古基本上是空白。50年代以后，随着文物考古事业的发展，涿鹿故城才逐渐为人们所了解和重视。50年代末，涿鹿当地人盛传涿鹿"黄帝城"内有宝物，纷纷到古城内挖宝，这一情况引起了河北省文物部门的注意。1957年10月，河北省文物部门联合涿鹿县文化部门对"黄帝城"遗址进行了考古调查。考古队经过勘查，在城内东、西、南、北四个方位确定点位后布置探方，进行发掘。经过一个多月的工作，发掘出许多古人使用的生产和生活用具，其中属于生产工具方面的有石刀、石斧、石镞、石杵、研磨器及蚌器、陶纺轮等；属于生活用具的有残陶豆、陶鬲、陶鼎、陶缸、陶盆、陶甑等。建设遗迹除原有的残城墙基址外，又在城址内中部塌陷的地方发现版筑墙，版筑层有的厚约18厘米，有的厚约25厘米。在城址内北部还发现了各种板瓦、筒瓦和带鹿形等纹饰的半瓦当。

根据这些发现，考古队于1957年11月30日在《人民日报》上刊载一则短消息——《在"黄帝城"遗址里发现的》。专家们根据古城里发现的文物初步推断，这座古城可能是战国时期前后的遗址，也许就是史书上记载的古代涿鹿城——当地百姓传说的黄帝城。这是文物部门对涿鹿故城初步调查的结果，开创了涿鹿故城考古调查和考古研究的先河。此后一直到80年代末，涿鹿故城的考古调查研究基本上处于停滞状态。

第二个阶段是20世纪90年代。1993年7月15日涿鹿故城被河北省人民政府公布为第三批河北省重点文物保护单位，揭开了涿鹿故城历史新的一页。这是涿鹿故城保护管理、开发利用和进一步考古发掘研究的阶段。涿鹿故城被确定为河北省重点文物保护单位后，涿鹿县政府和县文物部门进一步加强了对古城遗址的保护管理，文物保护"四有工作"全面开展落实，严禁人们在城墙及城内取土，破坏城址。

90年代以前，除陕西黄帝陵外，河北省涿鹿县境内的涿鹿故城、阪泉、釜山这三处古迹，由于长期以来宣传不够，尚未被世人所认识，也未得到应有的重视和保护。基于此种状况，北京大学王北辰教授通过对历代史籍的详细考证和实地考察，于1994年在《北京大学学报（哲学社会科学版）》第1期发表了《黄帝史迹涿鹿、阪泉、釜山考》一文。该文指出："《史记·五帝本纪》所载黄帝曾与炎帝、蚩尤分别战于阪泉之野、涿鹿之野，胜利后又与诸部合符于釜山，这些古迹均在今河北省涿鹿县境内。涿鹿故城和阪泉水在其矾山乡，釜山则是其保岱乡窑子头村北面的一山。"这是1957年涿鹿故城进行考古调查近40年来，学界对涿鹿故城、阪泉等涿鹿境内的黄帝史迹进行的第一次较为系统科学的理论研究。为确定涿鹿之战、阪泉之战的发生地就在涿鹿奠定了理论基础。

1997年3月，河北省文物局根据31名全国人大代表的提案要求，委派河北省文物研究所再次对涿鹿故城进行考古发掘。这是时隔40年后文物部门对涿鹿故城进行的第二次考古调查和发掘。

为了对古城及周围区域早期人类活动的概况有一个总体的把握，考古队对古城内外的古文化遗存进行了调查采样。通过调查，考古队在古城东发现一些战国时期的文物；在古城南下七旗村附近，发现了一些新石器时代晚期的陶片和细石器。

为了弄清古城的起始年代，考古队在城内东北部选择地层保存较好、土层堆积较厚的地方布置探测点，分别在具有代表性的八个区域开了八条探沟，探沟面积根据土层结构而定，大小不一，从6平方米到20平方米不等。通过对地层的切面分析，最上面耕土层厚10-30厘米，耕土层下是战国时期文化层，厚约60厘米。

通过钻探和发掘，考古队在探坑剖面的地层里发现大量陶器残片，这些陶制品表面大多装饰有绳纹、压印纹和弦纹等，根据陶制品的形制和特点判断，应是典型的战国时期的器物。而且，其包含的遗物种类、密集程度都十分丰富。

特别是在第八探坑里，考古队还发现了一座古代墓葬，墓葬形制为土坑竖穴墓，墓坑长约2.5米，宽约1.5米，深约2米，出土1件陶鼎、2件陶豆。根据随葬品的器形、材质和纹理图案判断，这座墓应该是战国时期的墓葬。墓主人为男性，死亡年龄在30-35岁之间。

经过一个多月的发掘，考古队获取了大量的出土文物，通过对这些出土文物的研究和分析，确定这些文物大部分是战国到秦汉时期的。据此，考古队初步推断，战国和秦汉时期也许就是这座城的兴盛时期。但仅凭这些材料仍然无法确定这座古城的始建年代和使用时间。

为了寻找这座城起始年代的证据，考古队在总结了前一个月工作的基础上，经过认真思考决定解剖城墙。

考古队在保存相对完好的西城墙南段开了一个探方，通过发掘发现城墙的建筑工艺为夹板夯筑法，夯土层中夹杂有灰陶片、红陶片、陶纺轮、蚌壳和兽骨等。最终发掘深度达7米，发现夯层43层，每个夯层的厚度约20厘米。并在城墙最下层发现了1件战国时期的夹砂红陶釜，陶釜内装有猪、狗的下颌骨，还有动物肢骨、牛肋骨和鹿角以及精心打磨的玉石片等。釜的底部没有烟熏火烧的痕迹，没有作为实际生活炊具使用过。从釜内的遗物及其组成情况来看，这可能是建造城墙时专门用于祭祀的。考古队根据这件战国时期的陶釜初步判断，古城目前存在的城垣应始建于战国。

考古队综合此次考古调查和发掘的结果，并查阅《水经注》等相关史籍作出初步推测：古代涿鹿城即涿鹿故城自战国时期兴建，到秦代设置县，经历了两汉、三国、东晋、西晋和南北朝时期，历时长达700多年，约在北魏时期被废，降格为一般城镇。

此次考古调查和发掘工作，对于探寻涿鹿故城的起始年代和兴盛时期具有重要的参考价值，为今后涿鹿故城的考古调查和研究奠定了基础。但由于时间短，未进行大面积系统科学的探勘发掘，掌握的考古资料有限，对涿鹿故城的性质和年代等问题的认识仍然不够清晰和深入。

第三个阶段是21世纪初至今，这是涿鹿故城及周边遗址系统考古调查、发掘和研究阶段。

2006年8月张家口市文物考古研究所在涿鹿故城进行文物调查时，发现一处暴露在外的汉代墓葬。墓葬位于遗址东部一山坡上，西距遗址约600米。该墓为砖砌两室墓，由墓道、墓门、前室、甬道、后室五部分组成，出土器物有陶器、铜带钩、铜镜、五铢钱等，根据墓葬形制和出土器物判断该墓葬为东汉时期的一般贵族墓。这座墓葬的发现对于探究涿鹿故城的年代和性质具有一定的参考价值。

为做好涿鹿县古代文化遗存的保护工作，2013年涿鹿县文化体育广电新闻出版局委托河北省文物研究所于6-7月在涿鹿故城及其周边开展了新石器时代遗存考古调查工作。

此次工作主要涉及三方面内容：一是对以"黄炎蚩"命名的23处地点进行调查；二是对涿鹿境内已知的新石器时代遗存进行复查；三是对涿鹿境内部分重点区域进行新石器遗存专项考古调查。

通过本次工作，我们对涿鹿故城及其周边的新石器时代遗存有了进一步的了解和认识。

在已调查完的13处以"黄炎蚩"命名的地点中,仅蚩尤寨(中寨)发现有与"黄炎蚩"时代相当的新石器时代遗物,其他地点或未发现古文化遗存,或文化遗存晚于"黄炎蚩"时代。通过调查了解,对"黄炎蚩"地点的命名,基本上是近年来根据传说结合文化遗存与地貌形态完成的。

本次工作涉及的新石器时代遗址有陈家坟疙瘩遗址、水沟南遗址、龙王塘遗址、上沙河遗址、煤沟梁遗址5处,其中复查的有4处,新发现的有1处。各遗址暴露的新石器时代遗物比较接近,应同属于仰韶文化晚期,与传说中的"黄炎蚩"时代大致吻合。从考古学文化来看,5处遗址的文化面貌与小河沿文化比较接近。

此次调查涉及的5处遗址面积不大,相关遗物也不够丰富。到目前为止,在涿鹿境内尚未发现规模大、级别高或具有特殊性质的新石器时代遗存。

涿鹿故城遗址2016年度发掘简报*

涿鹿故城（黄帝城）遗址位于河北省涿鹿县矾山镇三堡村北（图一），地处涿鹿县矾山盆地中，中心点海拔高度为733米。遗址平面为不规则四边形，南北长500余米，东西宽450-500米，城址周围现存高低不等的城墙。城内地表遗物非常丰富，以灰陶片和瓦片为主，另有少量的石制品。由于未进行科学发掘，长期以来该遗址的性质和年代等问题一直悬而未决。2016年7-9月，河北省文物研究所、吉林大学边疆考古研究中心和涿鹿县文物局对该遗址进行了试掘，出土了一

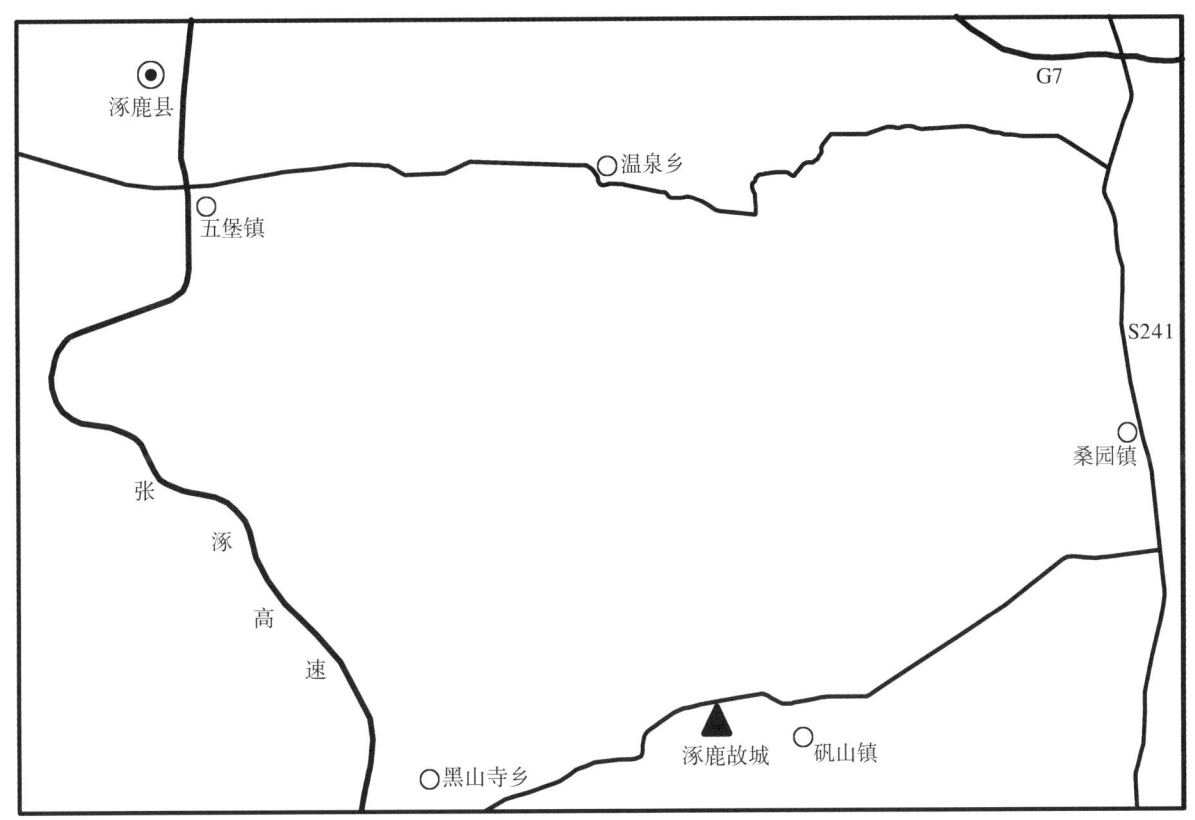

图一　涿鹿故城（黄帝城）位置示意图

* 原载《边疆考古研究》第26辑，科学出版社，2019年。

定数量的遗迹和遗物。

现将本次发掘情况简报如下。

本次发掘区域紧邻西城墙中段,发掘区西南基点坐标为北纬40°13.1312′,东经115°23.9665′。按北偏东5°方向布5米×5米探方9个,发掘面积共225平方米。

一、地层堆积

发掘区地层堆积厚0.85-2.6米。T001共4层,T002-T009共5层。T001-T005的第④层与T006-T009的第③层相当。现以T005南壁剖面为例介绍地层堆积(图二)。

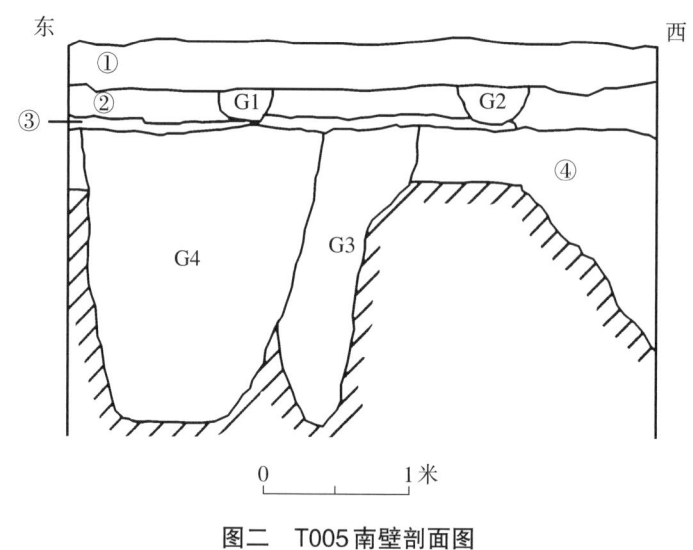

图二 T005南壁剖面图

第①层:表土层,土色为黄褐色,土质疏松。厚度为0.15-0.35米,全方分布。包含物有陶片、蚌片、动物骨骼、石块、砖块和现代遗物等。出土的陶片以泥质陶为主,夹砂陶和夹蚌陶所占比例较小;以灰陶为主,亦有少量黄褐陶、红褐陶和红陶;纹饰以绳纹为主,素面次之,弦纹、戳印纹所占比例小。

第②层:近现代扰乱层,土色为黄褐色,颜色偏黄,土质疏松。厚度为0.2-0.4米,全方分布。包含物有陶片、蚌片、动物骨骼,亦有少量现代遗物。出土的陶片以泥质陶为主,夹砂陶和夹蚌陶所占比例较小;以灰陶为主,亦有黄褐陶、红褐陶和少量红陶;纹饰以绳纹为主,素面次之,弦纹、戳印纹、刻划纹、附加堆纹所占比例较小。

第③层:土色为灰褐色,砂质土,夹杂有大量料姜石。厚度为0.1-0.15米,从南向东北递减分布。

第④层:土色偏灰,灰黄相间,土质由松软到质密,夹杂硬土块。厚度为0.4-1.7米,东部薄西部厚。包含物有陶片、动物骨骼、蚌片等。出土的陶片数量最多,以泥质陶为主,夹砂陶和夹蚌陶所占比例较小;以灰陶为主,亦有少量黄褐陶、红褐陶和红陶;纹饰以绳纹为主,素面次之,弦纹、附加堆纹、戳印纹、刻划纹、乳丁纹所占比例较小。

G1、G2为现代葡萄沟,第①层下开口。G3始于T001,贯穿T002、T003、T004,结束于T005,第③层下开口。G4始于T002,贯穿T003、T004、T005、T006,结束于T007,第③层下开口,打破G3。G5始于T008,结束于T009,第③层下开口。Z1位于T008,第③层下开口。H3第①层下开口,H4、H5第②层下开口,H6、H8第③层下开口,H7第④层下开口。

二、遗迹

此次发掘共发现灰坑9个、灰沟5条(其中两条为现代沟)、灶1个,以H1、G4为例进行简要介绍。

H1 位于T008西北角及T009西南角。第③层下开口,打破H9和第④层。发掘部分坑口呈半椭圆形,坑底呈圜形,坑深1米。灰坑另一半在发掘区之外,未完全发掘。坑内填灰色土,土质松软偏砂,出土大量陶片,以泥质灰陶为主,少量为夹蚌红陶,多为素面、刻划纹及绳纹,可辨器形主要为豆,出土铁器2件、陶纺轮1件,并出土部分动物骨骼(图三)。

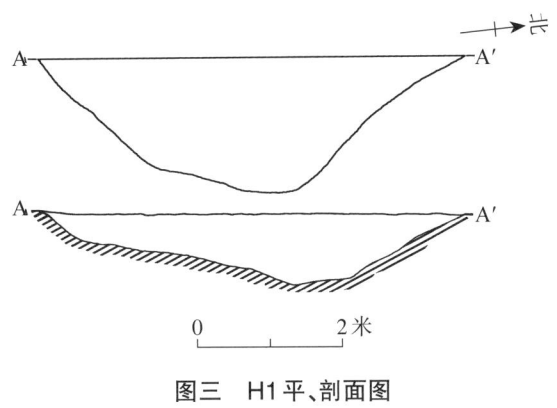

图三 H1平、剖面图

G4 南北贯穿T002、T003、T004、T005、T006、T007,第③层下开口,打破第④层和生土层,沟口近长方形,平底,剖面近梯形。沟口长27米,宽2米,深2.16米。沟内堆积共分4层:

分层①:由T002距北壁1.44米处至T007北壁结束,厚度为0.3-0.66米,土色为灰褐色,土质松软,含有少量黑色炭粒,包含物有大陶片和动物骨骼等。

分层②:由T002距北壁1.44米处至T007北壁结束,厚度为0.3-0.64米,土色为黑黄相间,土质较致密,含有大量黑色炭粒和小块红烧土,包含物有可复原的大陶片、较多铁器和动物骨骼等。

分层③:由T002距北壁1.44米处至T007北壁结束,厚度为0.16-0.56米,土色为灰黄色,土质较致密,包含物有大陶片和动物骨骼,但数量明显少于分层②。

分层④:由T002距北壁1.44米处至T007北壁结束,厚度为0.24-0.3米,土色为深褐色,土质较致密,包含物较少。但T006和T007含有较多的黑色淤泥,较硬,不易发掘。出土大量陶片,个体普遍较大,以泥质灰陶为主,绳纹最多,素面次之,少量为弦纹;兼有部分夹蚌红陶及夹砂灰陶。器形有豆、碗、盘,还出土了少量建筑构件。此外,还出土一定数量的铁器、铜器、石器、骨角器、蚌器及动物骨骼碎片(图四)。

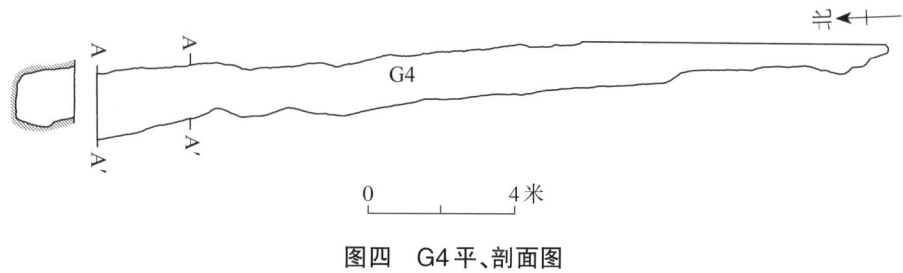

图四 G4平、剖面图

三、遗物

遗址中出土的遗物较为丰富,共出土各类器物近400件,主要包括陶器、铜器、铁器、骨角器、石器和蚌器等。

(一)陶器

陶器以泥质灰陶最多,多为轮制,纹饰以绳纹为主,素面次之。可辨认的器形有罐、尊、豆、钵、盘、盆、杯,还出土数量较多的陶纺轮及圆陶片,少量瓦当、陶环、陶球、刻字陶片、刻纹陶片及穿孔陶片。

1. 瓦当

建筑构件出土的数量较少,均为泥质灰陶,残损。标本T007②:1,装饰有兽面纹,图案相对完整,残长16.9厘米(图五,1)。其余残损程度不一,均饰有兽面纹(图五,2-8)。

2. 容器

陶容器完整器出土数量较少,多为残片,可辨认的器形有陶罐、陶尊、陶钵、陶杯、陶盘、陶盆、陶釜和陶豆等。

陶罐 9件。大部分为泥质灰陶,未出土完整器。T004:17,平沿,尖圆唇,短束颈,鼓腹,下部有绳纹,有轮制痕迹。口径16、腹径24.3、残高18厘米(图六,1)。T006:11,口沿外翻,尖唇,短束颈,鼓腹,素面,有轮制痕迹。口径15.1、残高13厘米(图六,2)。T005:2,折沿,方唇,短束颈。口径18.2、残高7.8厘米(图六,3)。T006:9,平沿,方唇,束颈,素面,有轮制痕迹。口径24.1、残高11.4厘米(图六,4)。T007:13,口沿外翻,方唇,短束颈,饰有绳纹,有轮制痕迹。口径16、残高6.8厘米(图六,5)。T002:5,夹砂灰陶,侈口,尖唇,短颈,饰有绳纹,有轮制痕迹。口径16.1、残高7.5厘米(图六,6)。T006:4,侈口,束颈,折肩,素面,有轮制痕迹。口径10、残高8.7厘米(图六,7)。T009⑤:2,口沿外翻,圆唇,短束颈,鼓腹,腹上饰弦断绳纹,有轮制痕迹。口径14.1、残高8.8厘米(图六,8)。G4:70,泥质黄褐陶,圆唇,鼓腹,平底,口沿下有刻划纹,轮制。口径8.1、底径5.2、高6.4厘米(图六,12)。

陶尊 1件。G5:18,短颈,折肩,腹内收,平底。最大径24、底径11.4、残高23.4厘米(图六,9)。

陶钵 2件。T003:17,泥质灰陶,平沿,腹内收,平底,有轮制痕迹。口径18.1、残高6.3厘米(图六,10)。G4:32,泥质灰陶,方唇,腹内收,平底,底部有绳纹,有轮制痕迹。口径18、底径8、高6.7厘米(图六,11)。

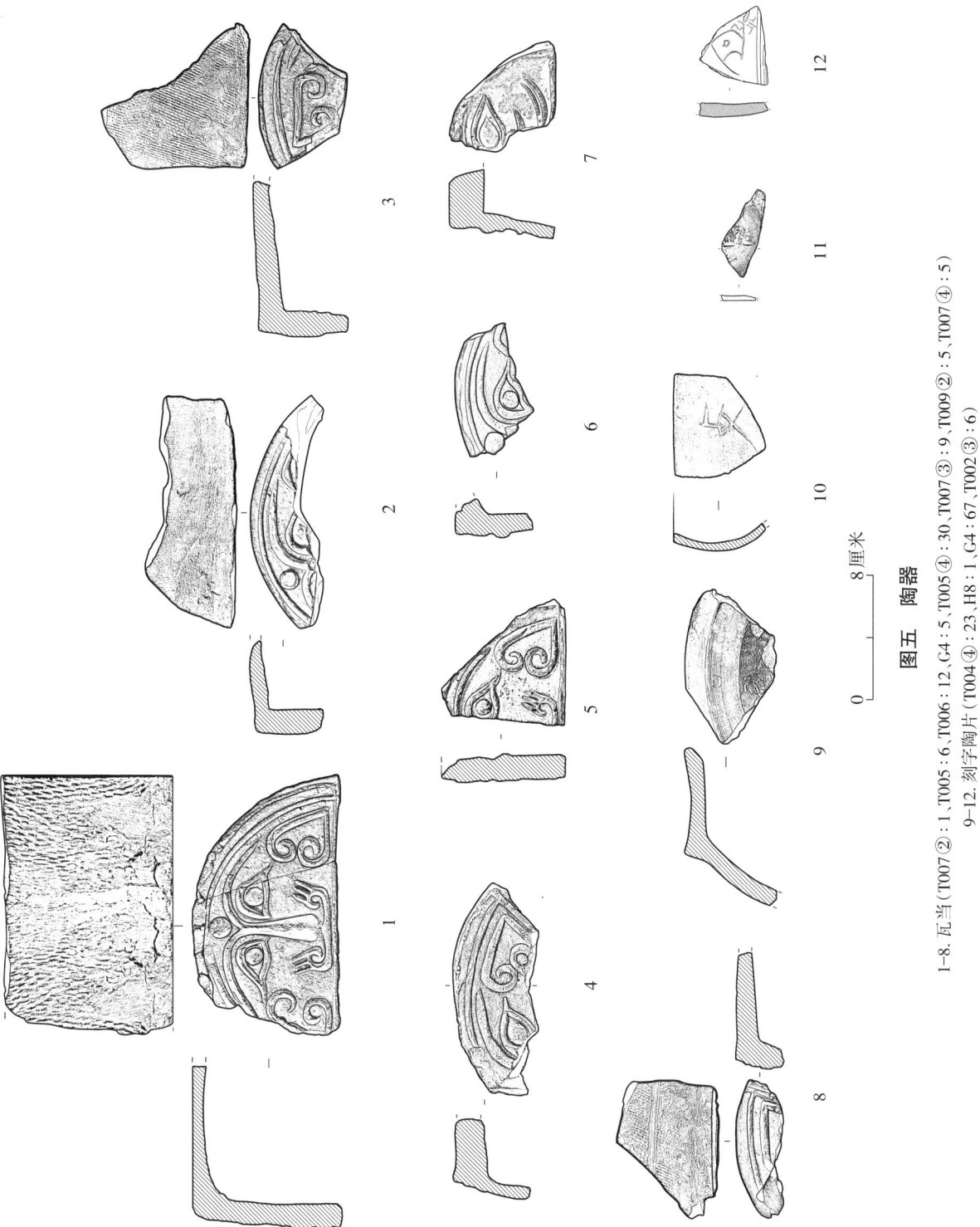

图五 陶器
1—8.瓦当（T007②∶1、T005∶6、T006∶12、G4∶5、T005④∶30、T007③∶9、T009②∶5、T007④∶5） 9—12.刻字陶片（T004④∶23、H8∶1、G4∶67、T002③∶6）

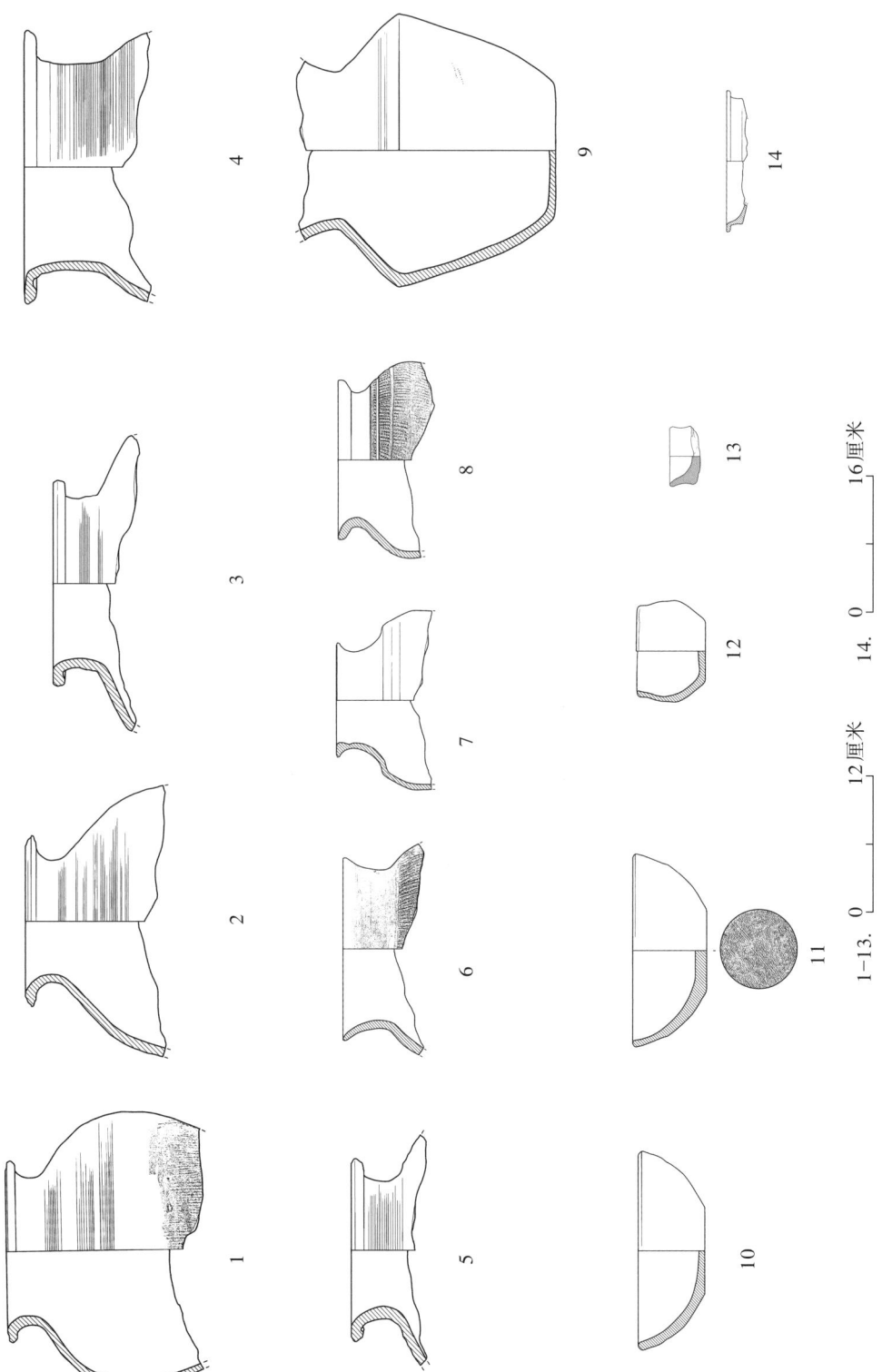

图六　陶罐、陶钵和陶盘等

1~8、12. 陶罐（T004:17，T006:11，T005:2，T006:9，T007:13，T002:5，T006:4，T009⑤:2，G4:70）
9. 陶尊（G5:18）　10、11. 陶钵（T003:17，G4:32）　13. 陶杯（T009⑤:4）　14. 陶盘（T005④:9）

陶杯 1件。T009⑤：4，泥质灰陶，圆唇，口微侈，素面，用废弃的豆柄磨制而成。口径5.3、底径5.2、高2.8厘米（图六，13）。

陶盘 1件。T005④：9，泥质灰陶，平沿，侈口，圆唇，浅腹，平底。口径32.8、底径29.2、高4.9厘米（图六，14）。

陶盆 6件。均为泥质灰陶。T003：3，平沿，圆唇，斜直腹，腹部有凸棱。口径44.1、残高11厘米（图七，1）。T003：14，侈口，尖唇，斜直腹，腹部有两穿孔，素面。口径44.2、残高9.3厘米（图七，2）。T004：9，口沿外翻，方唇，斜直腹，腹部饰弦纹。口径44.2、残高10.8厘米（图七，3）。T006：2，侈口，方唇，直腹，饰有弦断绳纹。口径38.3、残高7.7厘米（图七，4）。T006：6，侈口，方唇，斜直腹，饰有弦纹，腹部有两穿孔。口径48.2、残高12厘米（图七，5）。T007：16，口沿外折，方唇，直腹，饰有弦纹。口径50.2、残高11.6厘米（图七，6）。

陶釜 4件。

夹砂夹蚌红陶釜 3件。T004：15，侈口，圆唇，直腹，腹上部饰有绳纹。口径34.1、残高13.4厘米（图七，8），T005：4，口径34.3、残高13.3厘米（图七，9）。T009：10，口径34.1、残高14厘米（图七，10）。

泥质灰陶釜 1件。T001：5，口沿外翻，方唇，直腹，饰有绳纹。口径28.2、残高7.6厘米（图七，7）。

陶豆 9件。形制较为一致，均为泥质灰陶，轮制。其中2件可复原。T005：3，口微敛，圆唇，浅腹，短柄，柄中部微鼓，喇叭形足。口径17、残高12.3厘米（图八，1）。T006：13，口微侈，

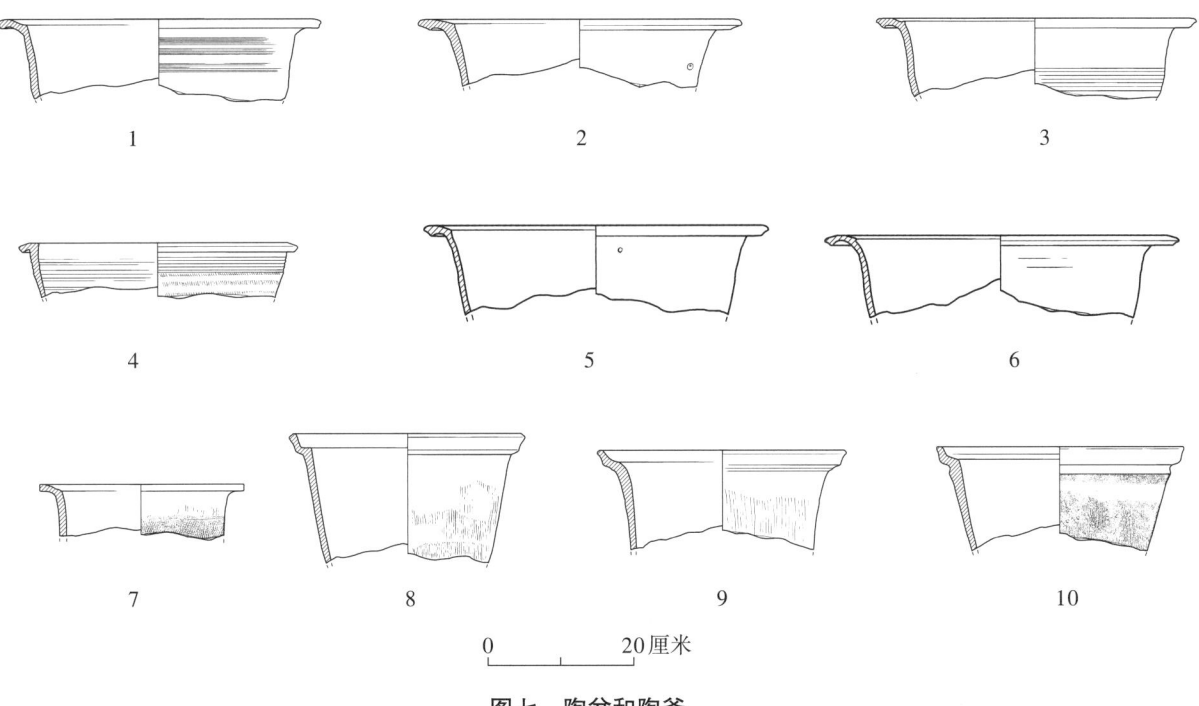

图七 陶盆和陶釜

1-6.陶盆（T003：3、T003：14、T004：9、T006：2、T006：6、T007：16） 7-10.陶釜（T001：5、T004：15、T005：4、T009：10）

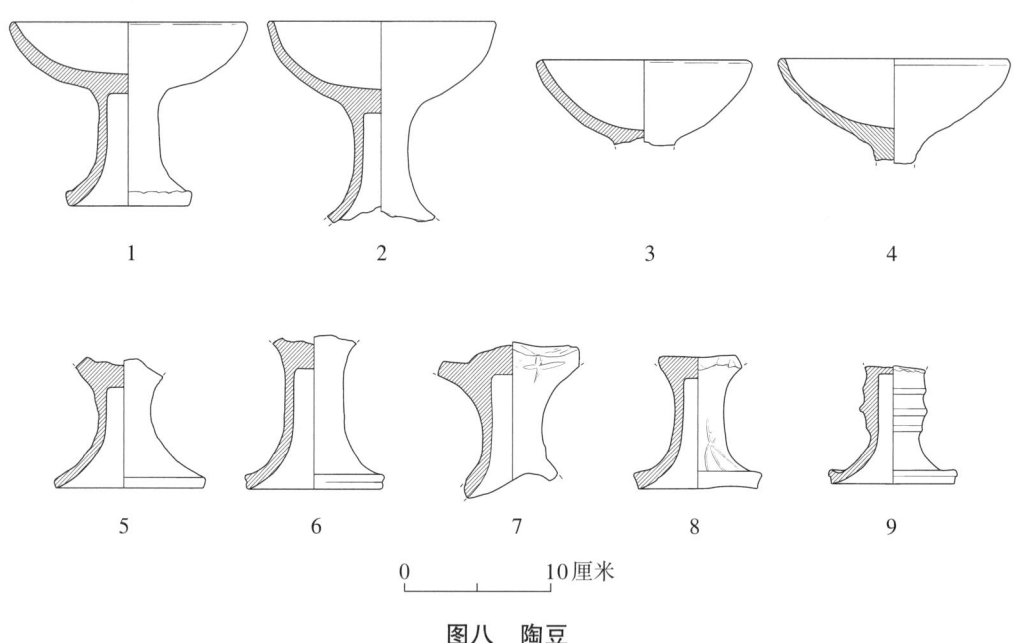

图八 陶豆

1、2. 陶豆（T005：3、T006：13） 3、4. 豆盘（T004④：2、T005：1） 5-9. 陶豆柄（T001：3、T002：4、T002：11、T004：2、T004：14）

腹内收，有柄，柄中空，喇叭形底座，素面。口径15、残高13.4厘米（图八，2）。

其余标本均残存豆盘或豆柄部，部分豆柄上刻有陶文或装饰有弦纹（图八，3-9）。

3. 陶纺轮和圆陶片

这两种器物发现数量最多，其中纺轮43件，圆陶片近百件。

陶纺轮 43件。形制多样，均为泥质灰陶。依据剖面形状和厚度大致可分为三型。

A型 剖面呈锥形。标本T004④：28，素面，有使用痕迹。直径5、孔径0.8、残高2.4厘米（图九，1）。标本T007①：8，残损。直径3.9、孔径0.5、残高2.5厘米（图九，2）。

B型 剖面近圆柱形，器物相对较厚。标本G3：23，素面，有使用痕迹。直径6.3、孔径1.4、高2.2厘米（图九，3）。标本G4：48，直径4.1、孔径1、高1.9厘米（图九，4）。标本G4：64，直径3.9、孔径0.7、高3.4厘米（图九，5）。标本T007②：2，直径4.4、孔径1、高2.4厘米（图九，6）。标本T009⑤：7，直径3.7、孔径0.8、高2.3厘米（图九，7）。

C型 剖面较薄，多为陶片对钻而成，部分陶片内有夹蚌痕迹，有素面者，也有装饰绳纹者。标本H1：1，直径3.2、孔径0.4、高0.9厘米（图九，8）。标本H9：15，直径4.4、孔径0.7、高1.2厘米（图九，9）。标本G4：58，直径3.7、孔径0.7、高1.2厘米（图九，10）。标本G5：3，直径3.4、孔径0.5、高1厘米（图九，11）。标本T003③：2，直径2.6、孔径0.24、高1.1厘米（图九，12）。

圆陶片 约100件。均为废弃的陶片磨制而成，大小不一，有素面者，也有装饰绳纹者。标本G3：14，夹蚌黄褐陶，素面。直径3.4、厚1厘米（图九，13）。标本G4：7，泥质灰陶，绳纹。直径5、厚1.8厘米（图九，14）。标本G4：54，直径3.8、厚1厘米（图九，15）。标本G4：56，直径4、厚1.8厘米（图九，16）。标本T006①：2，直径5.7、厚1.4厘米（图九，17）。

4. 其他陶器

陶环 1件。T005④:11，夹蚌红陶。直径3.2、孔径1.2、厚约1厘米（图九，18）。

陶球 6件。标本T002④:2，泥质灰陶，素面。球径1.5厘米（图九，19）。标本T005④:25，泥质灰陶，素面。球径2厘米（图九，20）。

权杖头形陶器 1件。G4:38，整体呈权杖头形，泥质黄褐陶，素面，中间有穿孔。孔径1.9、高4厘米（图九，21）。

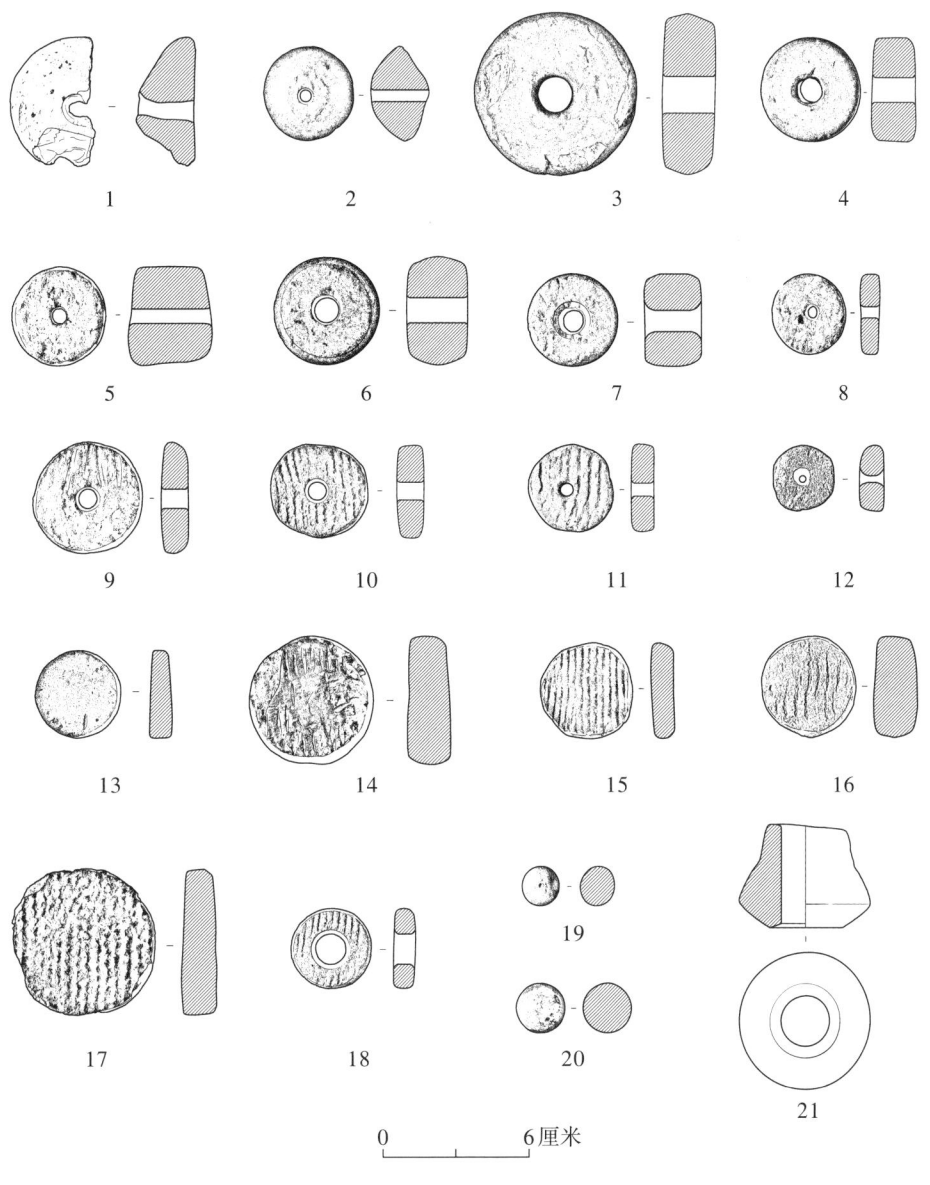

图九 陶纺轮及其他陶器

1、2. A型陶纺轮（T004④:28、T007①:8） 3-7. B型陶纺轮（G3:23、G4:48、G4:64、T007②:2、T009⑤:7）
8-12. C型陶纺轮（H1:1、H9:15、G4:58、G5:3、T003③:2） 13-17. 圆陶片（G3:14、G4:7、G4:54、G4:56、T006①:2）
18. 陶环（T005④:11） 19、20. 陶球（T002④:2、T005④:25） 21. 权杖头形陶器（G4:38）

图一〇 刻纹陶片
1. H8∶1 2. T002③∶6

此外还发现了少量的刻字和刻纹陶片，均为轮制陶片，上面刻有陶文或鱼形纹饰（图五，9-12；图一〇，1、2）。

（二）铜器

此次发掘共出土铜器33件，主要有铜镞、铜锥、铜凿、铜坠饰、铜刀、少量刀币残片和少量铜钱。可辨器形标本如下：

铜镞　10件。形制基本一致，均为三棱形铜镞，铁铤，铤部大多残断，镞身长3-4厘米（图一一，1-10）。

铜锥　1件。G4∶36，整体微弧，残损。残长11厘米（图一一，11）。

铜凿　1件。T004④∶27，长条形。残长6.1厘米（图一一，12）。

铜坠饰　1件。T001②∶2，铃铛形，保存完好（图一一，14）。

铜刀　1件。T004③∶5，弯曲，残损。残长8.3厘米（图一一，16）。

刀币残片　6件。均残损。标本T004④∶21，残长2.6厘米（图一一，13）。

铜器残片　3件。无法辨别器形。标本T009②∶3，上有一穿孔。残长1.7厘米（图一一，15）。

此外，还出土了一些清代铜钱，大多锈蚀较为严重。

（三）铁器

共出土铁器90件，大多锈蚀严重，可辨器形以铁锥为主，其余多为铁片。另外还出土铁钱1件。

铁锥　50件。标本G4∶11，锈蚀较严重，两端较细，中部较粗。残长15.1厘米（图一二，1）。标本G4∶47，锈蚀严重。残长14.2厘米（图一二，2）。标本T005①∶1，保存比较完整，两端尖，中间粗，四棱形。残长13.1厘米（图一二，3）。标本T005④∶21，锈蚀严重。残长13.2厘米（图一二，4）。

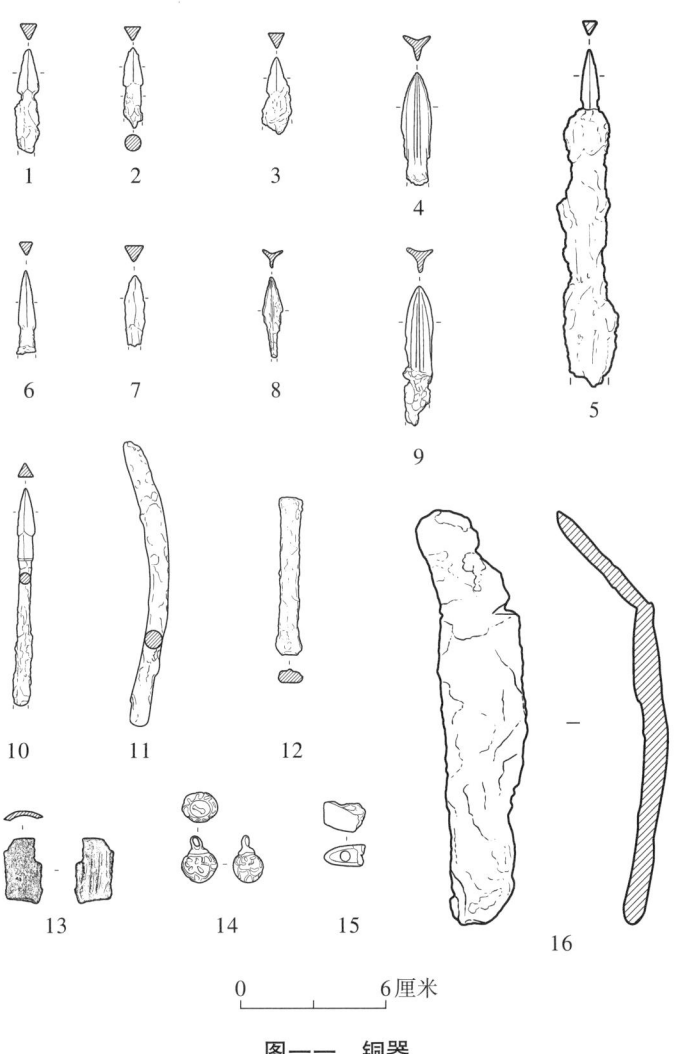

图一一 铜器

1-10. 铜镞（H6∶1、G4∶16、G4∶17、G4∶18、G4∶6、G4∶68、G4∶69、T003③∶1、T008③∶2、T004②∶3）　11. 铜锥（G4∶36）
12. 铜凿（T004④∶27）　13. 刀币残片（T004④∶21）　14. 铜坠饰（T001②∶2）　15. 铜器残片（T009②∶3）　16. 铜刀（T004③∶5）

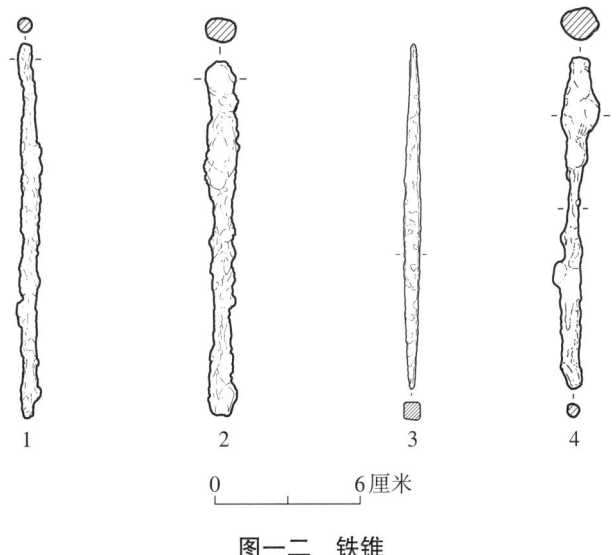

图一二 铁锥

1. G4∶11　2. G4∶47　3. T005①∶1　4. T005④∶21

（四）骨角器

共出土骨角器26件，主要包括骨锥、骨镞、骨簪、骨针和骨角料等。

骨锥 11件。标本G3:6，磨制而成，一端尖，另一端未经加工。长7.5厘米（图一三，1；图一四，1）。标本G4:24，一端尖，一端平。长6.1厘米（图一三，2）。

骨镞 2件。T005④:14，三棱形，有铤。长5.1厘米（图一三，3）。T009④:2，截面呈菱形，有铤，铤部残损。残长3.9厘米（图一三，4；图一四，2）。

骨簪 1件。T009⑤:10，通体磨光，一端残损，另一端磨制成斜坡状。残长6.8厘米（图一三，5）。

骨针 1件。T009⑤:5，通体磨光，两端残。残长2.6厘米（图一三，6）。

骨角料 5件。标本G4:35，鹿角，保存完整，截面呈椭圆形。通长9.4厘米（图一三，7）。标本G5:6，角料，灰黑色，通体磨光。通长7厘米（图一三，8）。标本G4:15，鹿角，保存完整，截面呈椭圆形。通长16.4厘米（图一三，9）。

（五）石器

共出土石器25件。

石环 1件。H9:13，砾石制成，深灰色，截面近三角形。直径11.8、孔径3.1、高3.6厘米（图一五，1）。

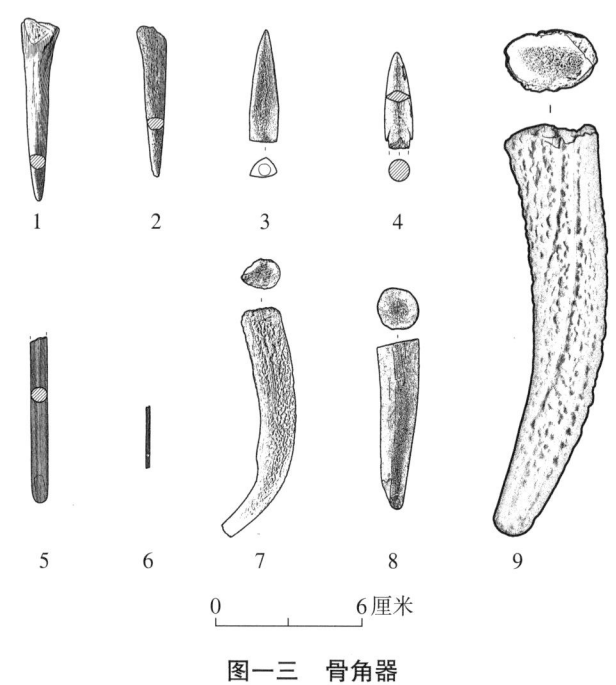

图一三 骨角器

1、2.骨锥（G3:6、G4:24） 3、4.骨镞（T005④:14、T009④:2） 5.骨簪（T009⑤:10） 6.骨针（T009⑤:5）
7-9.骨角料（G4:35、G5:6、G4:15）

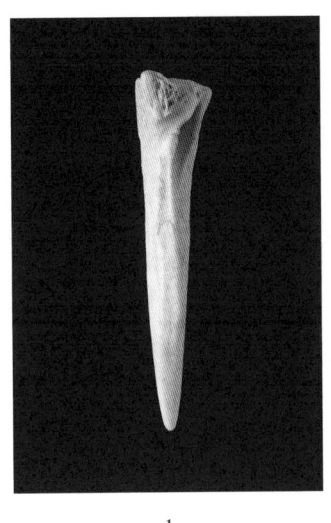 

图一四　骨镞
1. G3∶6　2. T009④∶2

磨石　2件。T005④∶1，砾石制成，深灰色，通体磨光。通长11.1、厚4.3厘米。图一五，2）。G4∶40，砾石制成，深灰色，截面近椭圆形，通体磨光，一端残损。残长5.1厘米（图一五，5）。

石杵　2件。T006④∶2，砾石制成，近圆柱状，外部有磨制痕迹。残长10.3、厚10.4厘米（图一五，3）。T004②∶5，砾石制成，浅灰色，通体磨光，残损。残长5.5、厚4厘米（图一五，6）。

石凿　1件。T006④∶4，砾石制成，深灰色，四棱形，通体磨光，一端残损。残长5.9厘米（图一五，4）。

石球　2件。G4∶19，砾石制成，浅灰色，近椭球形，通体磨光。直径4.1厘米（图一五，7）。G4∶50，砾石制成，灰黑色，近椭球形，通体磨光。直径4.5厘米（图一五，8）。

穿孔石器　2件。G3∶9，灰白色，长条形，一端有对穿圆孔，通体磨光。残长5.4厘米（图一五，9）。T008②∶2，浅灰色，骨头形，一端有一穿孔，通体磨光。残长10厘米（图一五，10）。

石饼　1件。T004③∶2，石英岩制成，黄褐色。直径6.2、厚2.6厘米。（图一五，11）。

石镞　1件。H6∶6，石英岩制成，六棱形。残长3.6厘米（图一五，12）。

此外还出土7件石珠，均通体磨光，中间有穿孔（图一五，13-16）。

（六）蚌器

共出土蚌器40件，其中主要有穿孔蚌片、蚌刀及蚌饰等。

穿孔蚌片　18件。标本G3∶4，有一个对穿穿孔。残长12、厚0.4厘米（图一六，1）。标本G3∶16，残长4.4、厚0.3厘米（图一六，4）。

蚌刀　21件。标本T009④∶1，一端有对穿穿孔，刃部有加工痕迹。残长5.6、宽3.8、孔径0.3厘米（图一六，3）。标本G3∶21，刃部呈锯齿状。残长7.3厘米（图一六，2）。

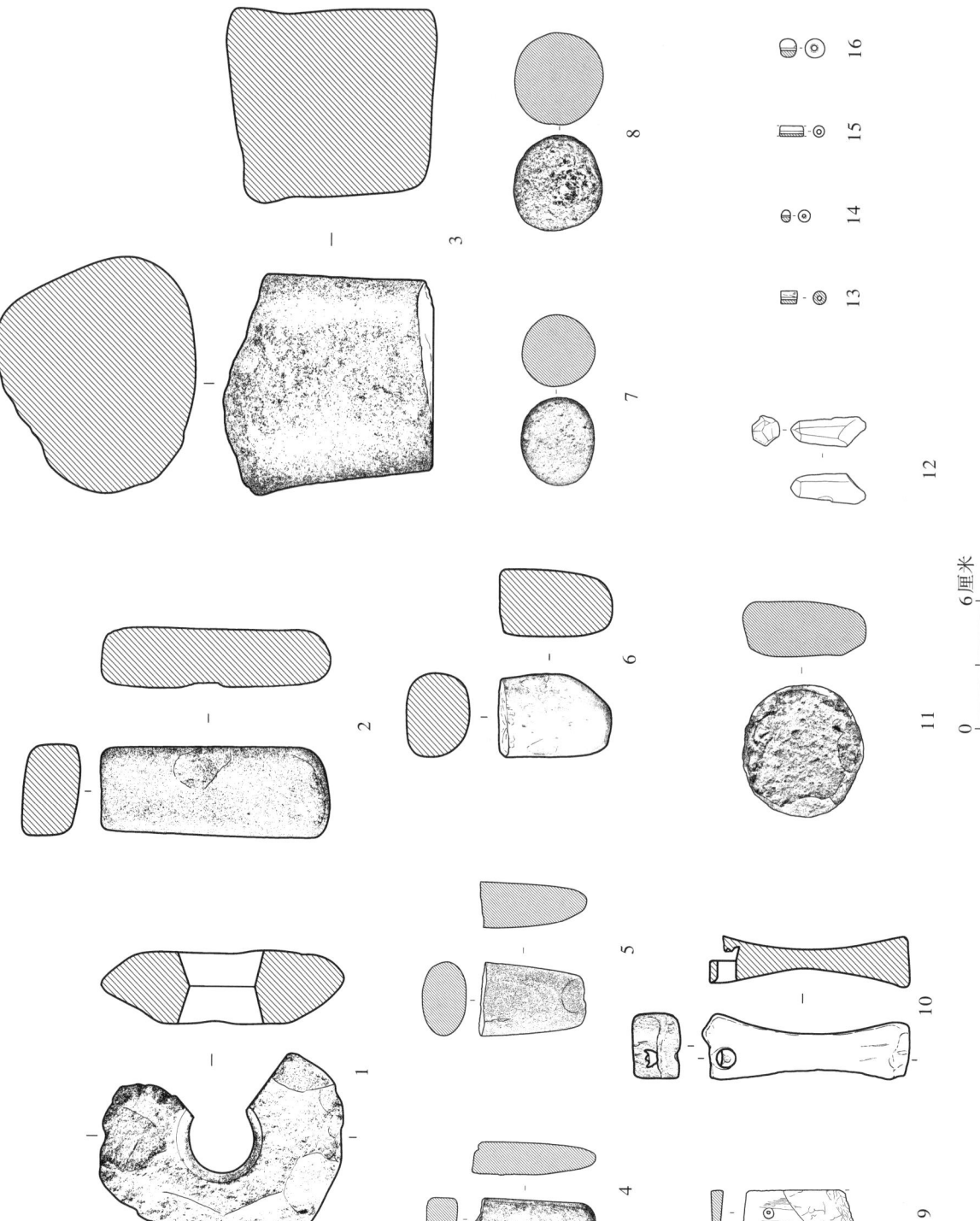

图一五 玉石器

1. 石环（H9∶13） 2、5. 磨石（T005④∶1, G4∶40） 3、6. 石杵（T006④∶2, T004②∶5） 4. 石凿（T006④∶4） 7、8. 石球（G4∶19, G4∶50） 9、10. 穿孔石器（G3∶9, T008②∶2） 11. 石饼（T004③∶2） 12. 石镞（H6∶6） 13–16. 石珠（G4∶34, H9∶1, T007④∶1, T008①∶1）

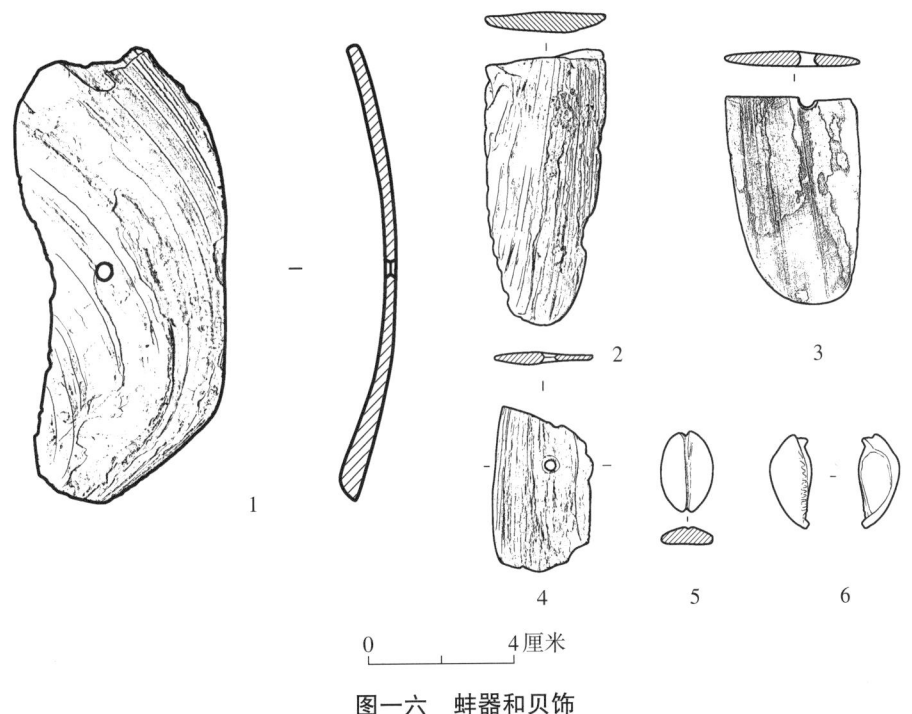

图一六 蚌器和贝饰

1、4. 穿孔蚌片（G3∶4、G3∶16） 2、3. 蚌刀（G3∶21、T009④∶1） 5. 蚌饰（T004②∶4） 6. 贝饰（G3∶12）

蚌饰 1件。T004②∶4，近椭圆形，中间有一凹槽，两端有豁口。通长2.1、厚0.4厘米（图一六，5）。

另外还出土残断的贝饰1件（图一六，6）。

四、结语

本次涿鹿故城（黄帝城）遗址的发掘获得了较为丰富的考古材料，对于深入认识涿鹿故城遗址的年代和性质具有重要意义。

遗址中出土了一定数量的瓦当等建筑构件，陶片的数量也非常可观，大部分出土器物为生产、生活用具。据此推测，本年度发掘区应为遗址的生活区。另外遗址中还出土了一定数量的动物骨骼，经过初步鉴定，主要包括马、牛、猪、羊、狗和少量的鹿等，说明该遗址的家畜饲养也相对发达。

出土遗物中还有一个值得注意和讨论的现象，在发掘中，出土了大量的圆形陶片。这些陶片绝大多数是由器物残片磨制而成，少量存在穿孔，大小不一。个别圆陶片上存在绳子捆扎磨损造成的凹槽。有些在形制上与纺轮近似，故暂时归于纺轮类。但目前还没有足够的、符合逻辑的证据，指明那些没有穿孔和捆扎痕迹的圆陶片的真正用途。

本次发掘除近现代扰乱层外，其他文化层出土遗存无明显差异。从出土的陶釜、陶盆和陶罐形制看，多数与燕下都13号遗址T4和T5的第④、⑤层出土的同类器相似[1]，根据陈光先生的研究，这两类遗存的年代相当于战国早期和战国中期[2]。

为探明该遗址的始建年代,对西城墙进行了解剖,在城墙下发现了一个灰坑,对灰坑中提取的木炭和动物骨骼进行了碳十四测定,根据Beta实验室的测定结果,木炭测定的数据为距今2510±30年,校正后的年代为公元前790-前540年(距今2740-2490年);动物骨骼测定的数据为距今2460±30年,校正后年代为公元前765-前410年(距今2715-2360年),根据这一测定结果,灰坑的年代大约在春秋时期。城内曾出土了一些五铢、半两和货泉等汉代铜钱,表明该城一直沿用至汉代。

综上,涿鹿故城的始建年代最可能为战国时期,在汉代仍有沿用。但从城墙的解剖情况看,在该城建造之前,遗址中已经有人群活动。

至于涿鹿故城的废弃年代,目前还无法明确。遗址内的遗迹和遗物多属于战国到汉代,晚于汉代的遗物数量非常少,仅有少量的辽代瓷片和清代的铜钱等,基本不见晚期的建筑构件,而且在当地文史资料中并未见该城有人居住的记载。从这一点看,涿鹿故城虽然存在晚期人群活动的迹象,但在汉代之后就衰落了。

注　释

[1] 河北省文物研究所:《河北易县燕下都第13号遗址第一次发掘》,《考古》1987年第5期。
[2] 陈光:《东周燕文化分期论》,《北京文博》1998年第5期。

涿鹿故城遗址西城墙试掘简报

本次清理地点，位于涿鹿故城遗址西墙中段，西邻三堡村北约200米，其南约30米有一人工水渠贯穿西墙。该位置原为城墙豁口，豁口将西墙东部打破。本着保护的原则，本次试掘仅利用城墙已有豁口进行清理，墙体未被破坏部分未发掘。共布探沟一条，宽2米，长14米。东西走向。编号为2014HZHQG1。现将该墙体（剖面）结构报告如下。

一、整体分布结构

西墙主墙体发掘部分残高6.3米，宽11.6米。大体为黄褐土夯筑而成，自上而下共夯筑有44层，其中墙体共分39层，为主墙体地面部分。墙基共分5层。墙基以下为黄砂土，应为生土，其下叠压有灰坑（编号2014HZHQH1）。

二、地面夯筑结构

根据夯层厚度及夯实程度自上而下可区分为三个部分：

1. 第1层至第19层：夯筑坚实，夯层明显，土色黄褐色，土质坚硬，主墙体夯层平均厚度为0.15-0.18米。夯层由东向西呈水平状堆积。

2. 第20层至第26层：与第一部分结构比较，唯夯层厚度变薄，平均厚度为0.07-0.12米。夯筑坚实，夯层明显，土色黄褐色，土质坚硬，夯层由东向西呈水平状堆积。

3. 第27层至第39层：结构较为致密，夯层较不明显，土色黄褐色，渐黑，夯层中夹杂黑色颗粒。主墙体夯层平均厚度为0.15-0.2米。夯层由东向西呈水平状堆积。此层下为墙基。

三、墙基垫土结构

第40层至第44层为主墙体墙基，共有5层，应为垫土，未发现夯筑痕迹。墙基宽11.6米（现发掘宽度），高0.75-0.9米。土色黄褐色，渐黑，垫土层中夹杂黑色颗粒。土质结构细密，有层次感。主墙体墙基垫土层平均厚度为0.15-0.2米。垫土层东高西低呈倾斜状堆积。此层下为生土（图一、图五）。

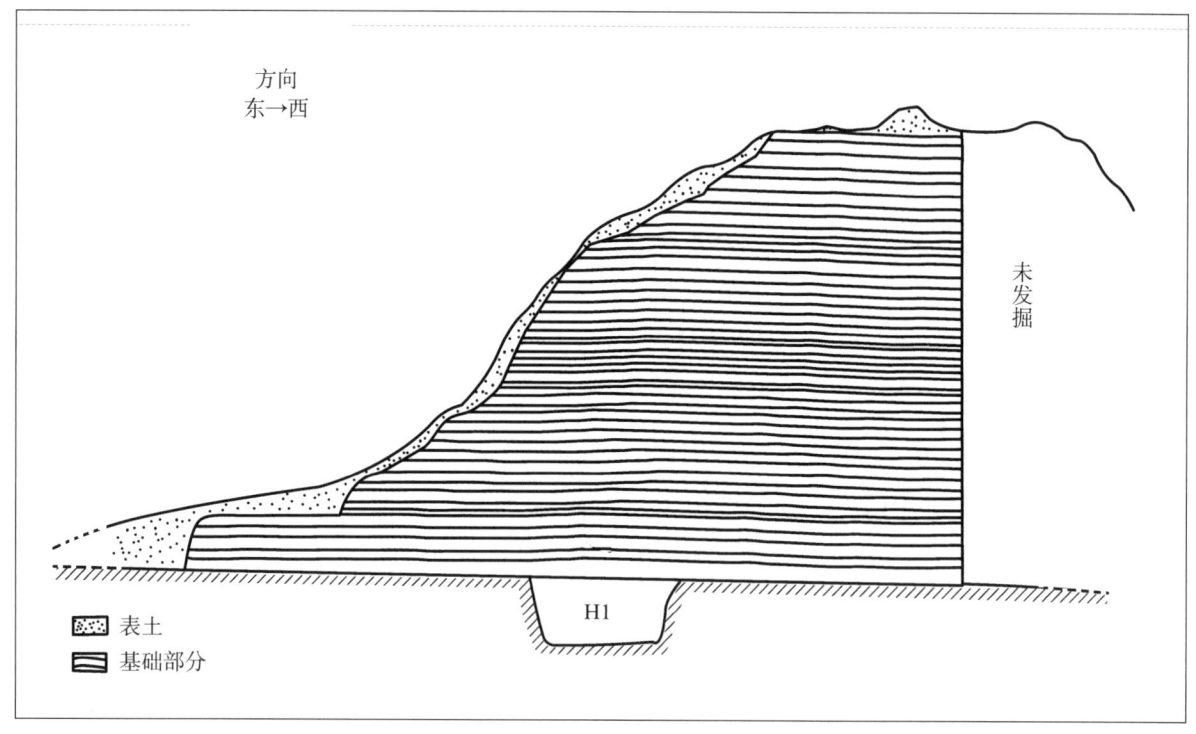

图一　涿鹿故城（黄帝城）遗址西墙中段墙体剖面图

四、包含遗物

包括有绳纹板瓦、绳纹筒瓦、柱状豆柄、浅腹豆盘、喇叭形豆底及陶器口沿等残片，以泥质灰陶居多，零星发现有泥质黄褐陶；口沿为方唇、卷沿；纹饰分两种，绳纹和素面；可辨器形为板瓦、筒瓦、豆、罐。还发现有动物骨骼，包含鹿的肩胛骨、胫骨及狗的肱骨、桡骨。

五、城墙下灰坑及其年代

在城墙下发现灰坑一座，编号2014HZHQH1，平面近长方形，长1.6米，宽0.9米，剖面呈梯形，深0.96米（图二）。坑内堆积为一次性堆积。土色灰黄，土质疏松，夹杂灰烬颗粒及少量木炭颗粒。包含有鼎裆、豆盘、夹砂灰陶片等遗物。其中豆盘为泥质灰陶，浅腹，素面；鼎裆为夹粗砂黄褐陶，粗绳纹。口沿以折沿居多，分为夹砂灰陶和夹砂黄褐陶，多数为绳纹，少量为素面。其他陶片为夹砂黄褐陶和夹砂灰陶，纹饰仅见粗绳纹和细绳纹及素面（图三）。这些遗物表面大多有火炙痕迹。出土骨镞1件，2014HZHQH1:1（图四）。

我们在灰坑中提取了木炭和动物骨骼进行碳十四测定，根据Beta实验室的测定结果，木炭测定的数据为距今2510±30年，校正后的年代为公元前790-前540年（距今2740-2490年）；动物骨骼测定的数据为距今2460±30年，校正后年代为公元前765-前410年（距今2715-2360年）。根据这一测定结果，灰坑的年代大约在春秋时期。这也表明城墙的建造年代可能要晚于春秋时期。

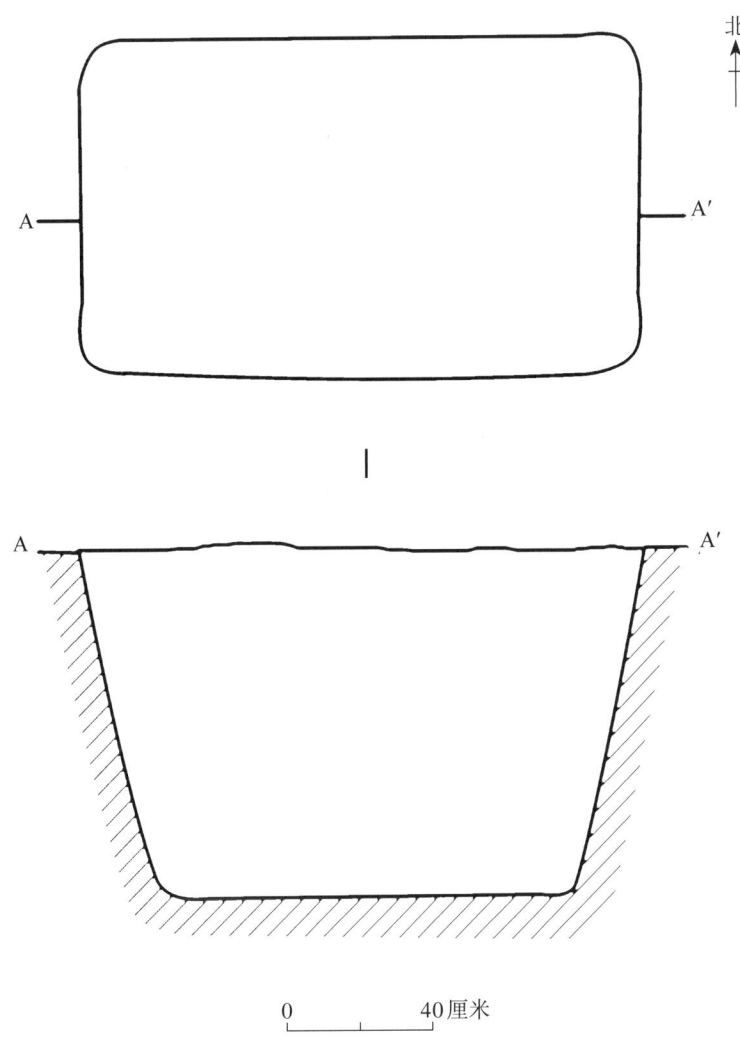

图二 2014HZHQH1平、剖面图

图三　2014HZHQH1出土陶片

图四　2014HZHQH1出土骨镞

图五　西城墙剖面图

涿鹿故城遗址M1清理简报[*]

涿鹿故城遗址位于河北省涿鹿县矾山镇三堡村北，地处涿鹿县矾山盆地，海拔733米。遗址东北角地理坐标为北纬40°13′32.3″、东经115°24′18.4″（图一）。遗址平面呈不规则四边形，南北长500余米，东西宽450~500米，周围存有高低不等的城墙。城内遗物较丰富，以灰陶片和瓦片为主，另有少量石制品。近年来，当地农民在城址内栽种果树和葡萄，对遗址破坏较为严重。2017年7月，为了解决该遗址的性质和年代问题，吉林大学考古学院和涿鹿县文物局（现并入涿鹿县文旅局）联合对该遗址进行调查和试掘，在城址的中北部发现因栽种果树和葡萄破坏的墓葬2座（编号M1和M2）。报上级文物部门批准后，对其进行了抢救性清理，出土了数量较多的铜器、陶器和玉石器以及少量的骨器等。现将M1的发掘情况简报如下。

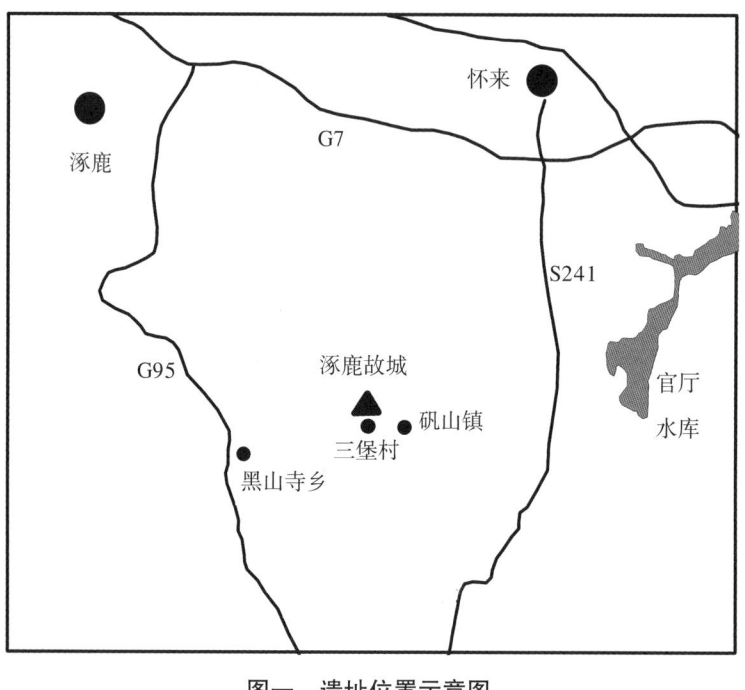

图一　遗址位置示意图

---

[*] 原题为《河北涿鹿故城遗址M1清理简报》，载《文物》2019年第11期。

一、墓葬形制

M1为长方形竖穴土坑墓,方向333°。墓口长3.45、宽2.7、距地面1.4米,墓底长2.45、宽1.9、距地面4.8米。葬具为一棺一椁,棺椁腐朽严重,仅有少量黄色木屑残留。椁长2.45、宽1.9米,棺长1.56、宽0.75米。椁壁与圹壁之间为生土二层台,宽0.3~0.7米。木棺放置于生土棺床上。墓室南壁二层台上有一壁龛,剖面呈梯形,上宽0.42、下宽0.7、高0.42、进深0.3米(图二)。墓内填灰色花土,湿度与黏性均较大。墓主人骨架基本完整,但腐朽严重,难以提取,葬式为侧身屈肢,头向西北。墓室南侧二层台有一人骨,头骨腐朽,其余保存较完整。葬式为侧身屈肢,头向东北,面向南。墓主人西北方向棺椁之间有一具狗骨。随葬器物主要放置于北侧棺椁之间(图三)。

二、出土器物

墓葬随葬器物丰富,出土各类器物百余件(组),包括铜器、陶器、玉石器、骨角器等。

(一)铜器

铜器数量较多,可分为容器、车马器、装饰品、兵器和工具。

1. 容器

9件。包括铜鼎、铜敦、铜豆、铜壶、铜盘和铜匜。

铜鼎 3件。分两型。

A型 2件。器形相对较大。盖为弧顶,顶面立有三环纽,纽上饰绹纹。盖面饰变形龙纹、蟠螭纹、简化龙纹三组纹饰带,以两周弦纹相隔。器身子口微敛,斜方唇,鼓腹,圜底,三个蹄形足较高。肩部有对称长方形双耳,略外侈,中间有长方形穿孔。器腹中部有一道凸棱,上腹饰蟠螭纹,下腹饰简化龙纹。足上可见范线。M1:25,耳素面。口径22.1、通高25.4厘米(图四,1;图版九、图版一〇)。M1:29,耳内侧饰有纹饰。口径22.1、通高25.6厘米(图四,2;图版一五、图版一六)。

B型 1件。M1:22,器形较小,未见器盖。口微敛,斜方唇,鼓腹,圜底,三蹄足。肩部有对称长方形双耳,略外侈,中间有长方形穿孔,耳内侧饰卷云纹,耳侧面饰一圈绹纹。器腹有一道凸棱,上腹饰蟠螭纹,下腹饰三角云纹。足上可见范线。口径12.7、高13.5厘米(图四,5;图版五、图版六)。

铜敦 1件。M1:2,盖与身扣合近球形,上下基本对称。盖顶有三云状环纽,器身子口微敛,方唇,球腹,圜底,肩部有两个对称环耳,下有三个云状环足,足与环纽末端呈鸟喙形。从盖顶至环足依次饰云纹环绕三角连涡纹、变形蟠螭纹、三角纹加兽面纹、双连回纹加变形云纹、双连回纹加变形云纹、三角纹加兽面纹,足和纽饰绹纹。口径15.4、通高21.1厘米(图四,6;图版三、图版四)。器内残留圆形面食一块,直径约6.4厘米(图五)。

铜豆 1件。M1:1,盖为半球形,顶部有三个细高捉手,可倒置作一容器。豆身子口微敛,肩部有两对称环耳,深弧腹,喇叭状细高柄,圆台状圈足。通体有纹饰,自盖顶至豆身下腹饰五周弦纹,弦纹间依次饰卷云纹环绕涡纹、变形蟠螭纹、三角纹加兽面纹、双连回纹加变形云纹、双连

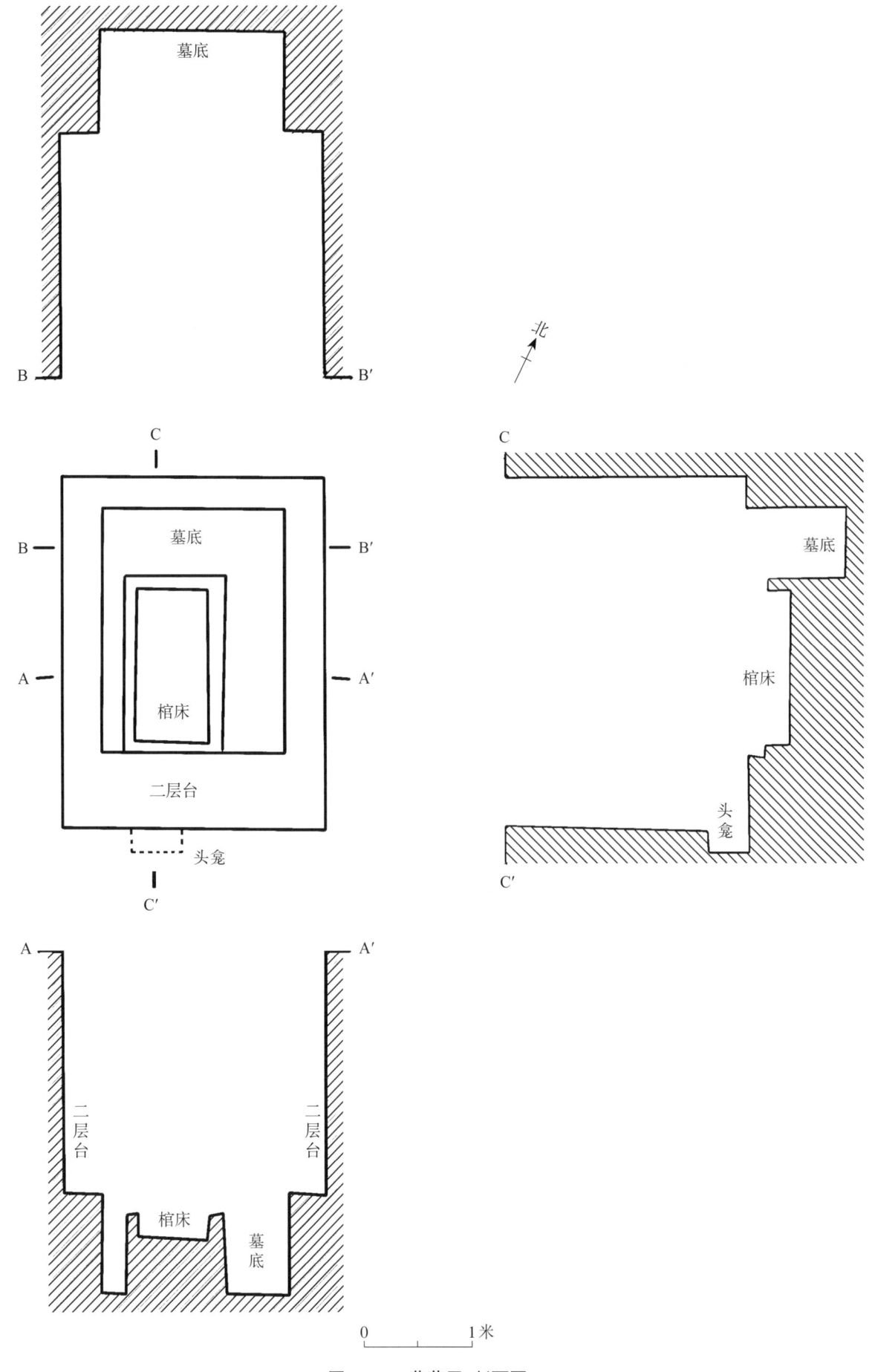

图二　M1墓葬平、剖面图

图三 M1墓室平面图

1.铜豆 2.铜敦 3-5.玛瑙环 6.铜辖䡅 7.贝饰 8、9.铜匕 10、12.铜马衔 11、13.角镳 14、17.铜剑 15、16.铜戈 18.铜镞 19.铜矛 20.陶鼎 21、30.陶豆 22、23、37、38.铜带钩 24.铜盘 25、29.铜鼎 26.铜匜 27、28.铜壶 31、32.陶壶 33.陶尊 34-36.铜刀 39.铜盖弓帽 40、43-94.石饰 41、42.鱼形石佩饰 95.骨管 96.骨环

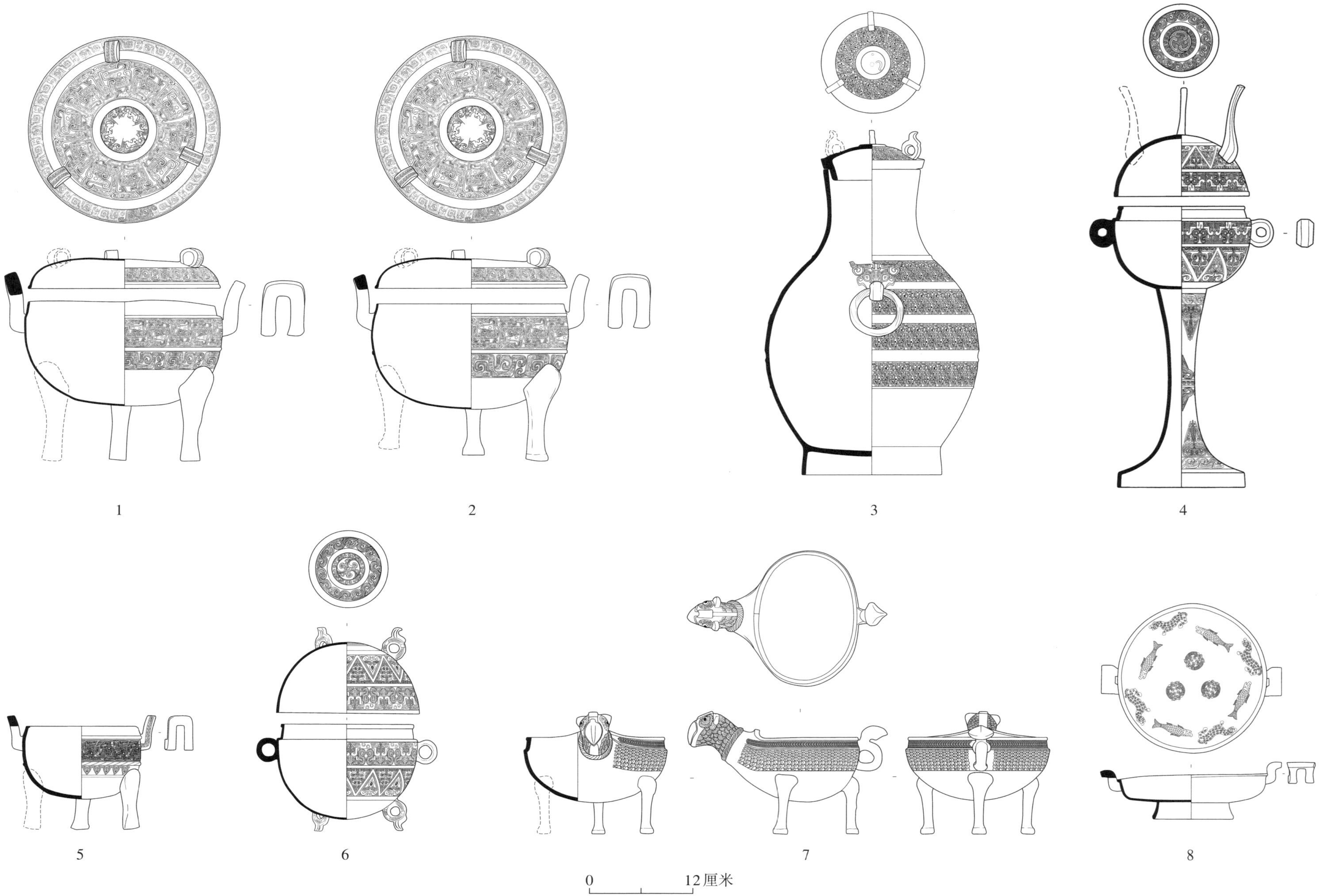

图四 铜容器

1、2. A型铜鼎（M1：25、M1：29） 3. 铜壶（M1：28） 4. 铜豆（M1：1） 5. B型铜鼎（M1：22） 6. 铜敦（M1：2） 7. 铜匜（M1：26） 8. 铜盘（M1：24）

回纹加变形云纹、三角纹加兽面纹。柄部饰变形蟠螭纹和弦纹带、三角纹加变形夔纹。圈足底部可见大片红褐色烧结范泥。口径14.6、底径14.9、通高45.4厘米（图四，4；图版一、图版二）。

铜壶 2件。形制相同。盖面微鼓，顶部均匀分布三个云状环纽，环纽末端呈鸟喙状，子口。壶身侈口，方唇，束颈，溜肩，长圆腹，圈足，肩部两侧有铺首衔环。盖面有两条凹弦纹，弦纹之间饰乳丁纹加勾云纹。壶身肩至下腹有四周凹弦纹，弦纹之间饰乳丁纹加勾云纹。铺首呈兽面形，圆环截面为椭圆形，表面饰绳索纹。圈足底部可见大片红褐色烧结范泥。标本M1∶28，口径11.2、腹径24.4、足径16.2、通高41.2厘米（图四，3；图版一三、图版一四）。

图五 铜敦（M1∶2）内残留的面食

铜盘 1件。标本M1∶24，口微敛，平沿，斜方唇，双附耳外翻，浅腹，平底，圈足外撇。盘内底中心饰三组蜷虎纹，每组两虎，四肢蜷曲，首尾相接；其外为四鱼四虎相间分布。器耳饰有纹饰。圈足底部可见大片红褐色烧结范泥。口径34.5、足径18.7、高13.7厘米（图四，8；图版七、图版八）。

铜匜 1件。M1∶26，鹰首形流，鸟首形鋬，椭圆形鼓腹，圜底，下附三细长蹄形足。口沿下饰两周绹纹，腹部饰鳞羽纹。鹰首尖喙，下喙固定，上喙可开合，鼓睛凸耳，颈饰鳞羽纹，颈与腹之间饰一圈凸起绹纹。鸟首尖喙，鼓睛凸耳，颈饰鳞羽纹。长23.2、宽16.6、高14.4厘米（图四，7；图版一一、图版一二）。

2. 兵器和工具

12件。包括铜剑、铜戈、铜矛、铜镞、铜刀和铜匕。

铜剑 2件。形制相同。直刃，中脊凸起，剑叶截面呈菱形，扁圆柱状柄。M1∶14，柄部残留有机质痕迹。通长48.9、柄长7.5厘米（图六，1；图七，1）。M1∶17，柄残缺，残留有机质痕迹。残长45.9、柄残长6.1厘米（图六，2；图七，2）。

铜戈 2件。形制不同。M1∶15，上下援基本平直，上阑出头，胡上三穿，内一穿。内上饰勾卷双线纹。通长22.8厘米，援长15、宽3.3、厚0.7厘米，内长7.8、宽3.8、厚0.6厘米（图六，3；图八，1）。M1∶16，援、内皆较狭长，援呈弧形，中部有脊，直内，内末端呈尖状，下阑出头，胡上三穿，内一穿。通长27.3厘米，援长17.8、宽3.2厘米，内长9.5、宽2.4厘米（图六，4；图八，2）。

铜矛 1件。M1∶19，曲刃有銎，截面呈椭圆形。长11.3、最宽处3.4厘米（图六，7；图九）。

铜镞 2件。M1∶18-1，有茎无翼镞，圆柱状镞身，圆柱状长铤。残留有机质痕迹。通长12.3、铤长5.9厘米（图六，8）。M1∶18-2，有茎无翼镞，圆身，镞身呈曲线，上端较粗，圆柱状长铤，上宽下窄。残留有机质痕迹。通长14.4、铤长7.6厘米（图六，9）。

铜刀 3件。M1∶34，环首，截面呈扁圆形，扁条柄，刀身微呈弧形，截面呈三角形。长14.8厘米（图六，10）。M1∶35、M1∶36，刀身微呈弧形，截面呈扁圆形，柄残缺。残长分别为6.3、7.8厘米（图六，11、12）。

图六 铜兵器和工具及装饰品

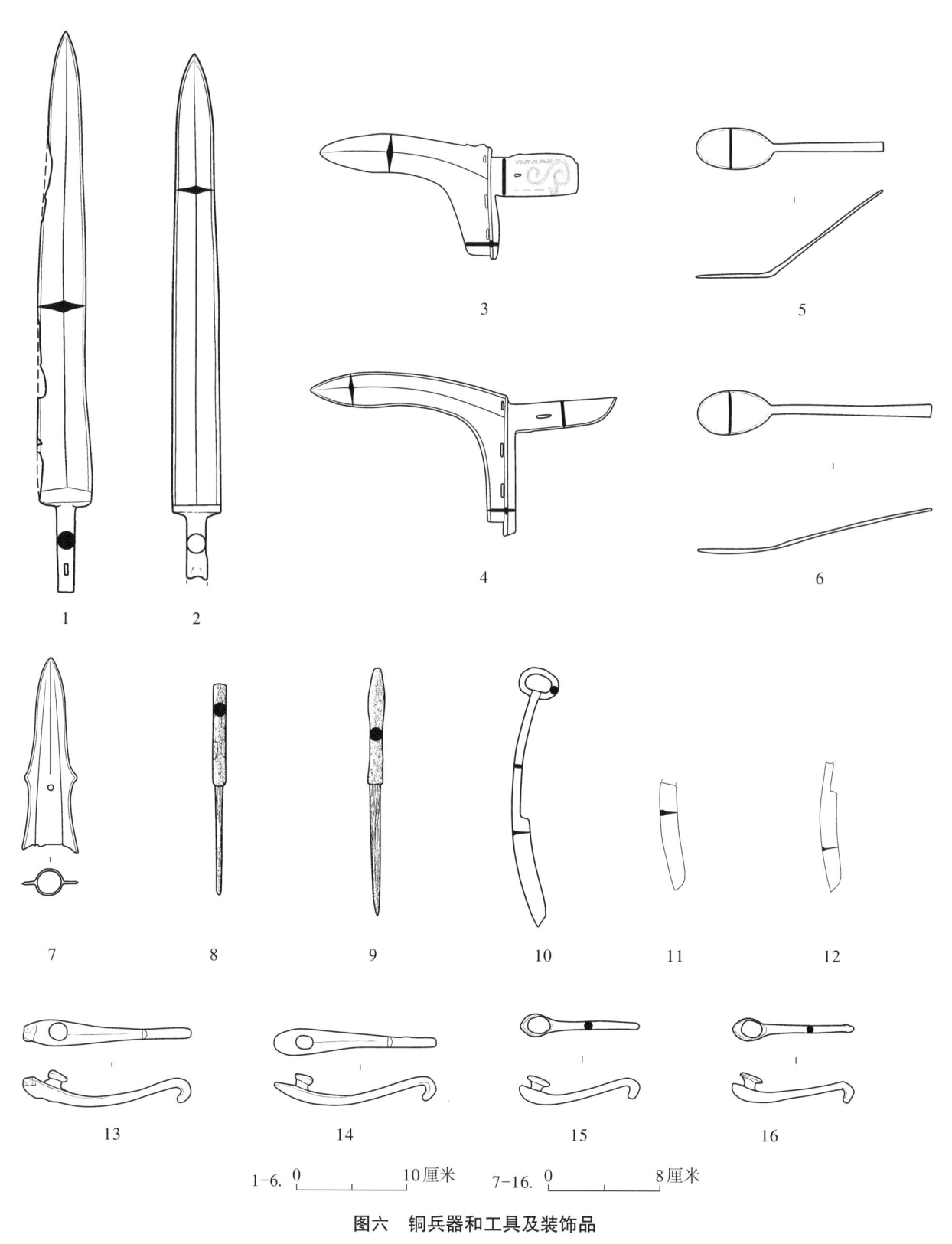

1、2. 铜剑（M1∶14、M1∶17） 3、4. 铜戈（M1∶15、M1∶16） 5、6. 铜匕（M1∶8、M1∶9） 7. 铜矛（M1∶19）
8、9. 铜镞（M1∶18-1、M1∶18-2） 10-12. 铜刀（M1∶34-M1∶36） 13-16. 铜带钩（M1∶23-1、M1∶23-2、M1∶37、M1∶38）

铜匕 2件。形制、大小基本相同。匕身呈椭圆形,靠柄处上翘,直柄,匕和柄合铸,柄处折断。M1:8,柄部上宽下窄。通长16.7、柄长9.9厘米(图六,5;图一〇)。M1:9,柄部上下基本同宽。通长21、柄长14.4厘米(图六,6)。

图七 铜剑
1. M1:14 2. M1:17

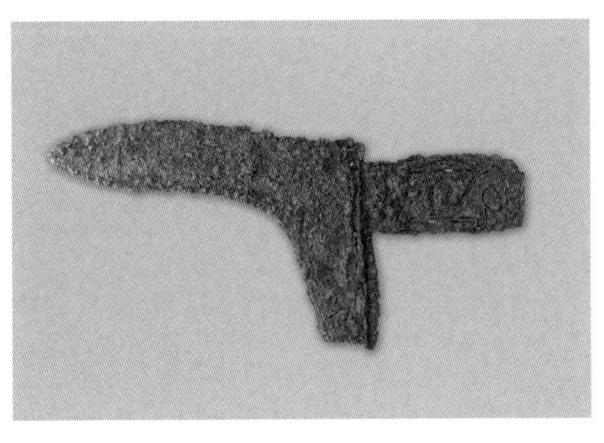

图八 铜戈
1. M1:15 2. M1:16

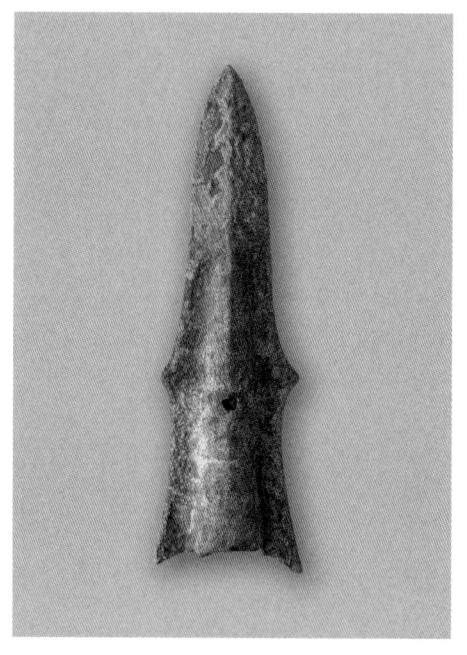

图九　铜矛（M1∶19）　　　　　　图一〇　铜匕（M1∶8）

3. 装饰品

铜带钩　4件。形制基本相同。长条形，微弧，一端呈椭圆形，一端外折成钩。四棱弧面，纽近尾端，圆形钩纽稍大于钩柱。M1∶23-1，长10、纽柱高0.6、纽面直径1厘米（图六，13；图一一，1）。M1∶23-2，长9.7、纽柱高0.6、纽面直径0.9厘米（图六，14；图一一，2）。M1∶37，长7.5、纽柱高0.5、纽面直径1.1厘米（图六，15）。M1∶38，长7.4、纽柱高0.5、纽面直径1.2厘米（图六，16）。

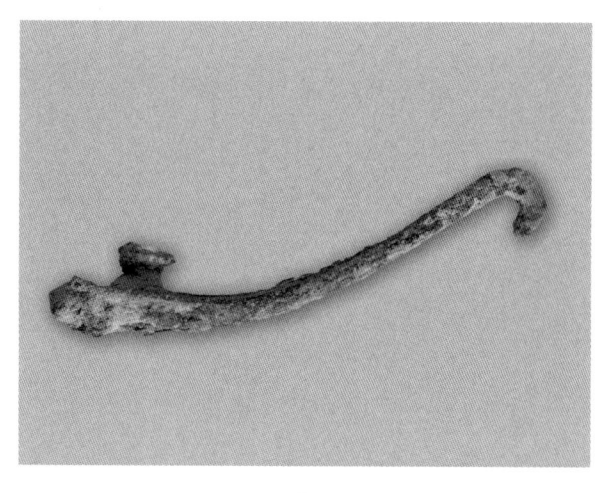

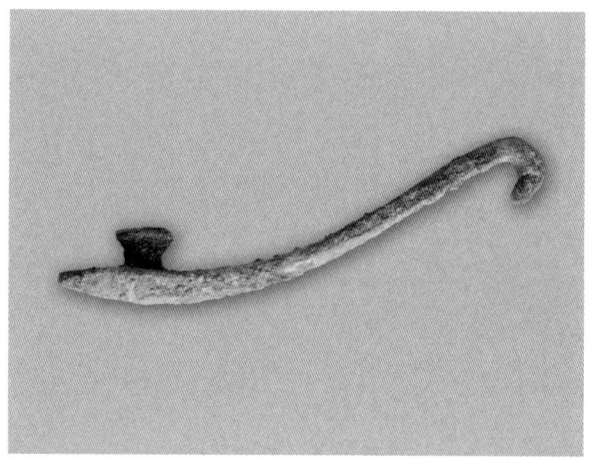

图一一　铜带钩

1. M1∶23-1　2. M1∶23-2

4. 车马器

10件。有铜辖軎、铜马衔和铜盖弓帽三种。

铜辖軎 2件。形制、大小相近。管状车軎，外端不封堵，軎体中空，表面有两道箍。近轴端有折沿，折沿外侧有长方形辖孔。軎体上有桥状双耳，双耳并列，内套鸟首方环，鸟兽圆睛，长勾状喙。辖为四棱穿钉状，首部方形，其上纹饰不清，首、尾各有一穿孔，辖身截面近方形。标本M1∶6，軎外径7.8、内径4.5、长7.6厘米，辖长7.6厘米（图一二，1；图一三）。

铜马衔 2件。形制、大小相同。双环成衔，内环相锁，双衔联合。内环较小，基本呈圆形；外环略大，呈椭圆形，上饰有简化兽面纹和绳索纹。M1∶10、M1∶12，通长24.4、内环外径3.2、外环最大径5.6厘米（图一二，2、3；图一四）。

铜盖弓帽 6件。形制相似，大小相近。帽体一端细，另一端粗，上边平，下边呈圆弧状，中空，銎孔呈马蹄状。帽钩位于平坦面一侧，钩体短粗。帽体中部有一孔，銎内残存木条。标本M1∶39，长3、銎孔径1厘米（图一二，4；图一五）。

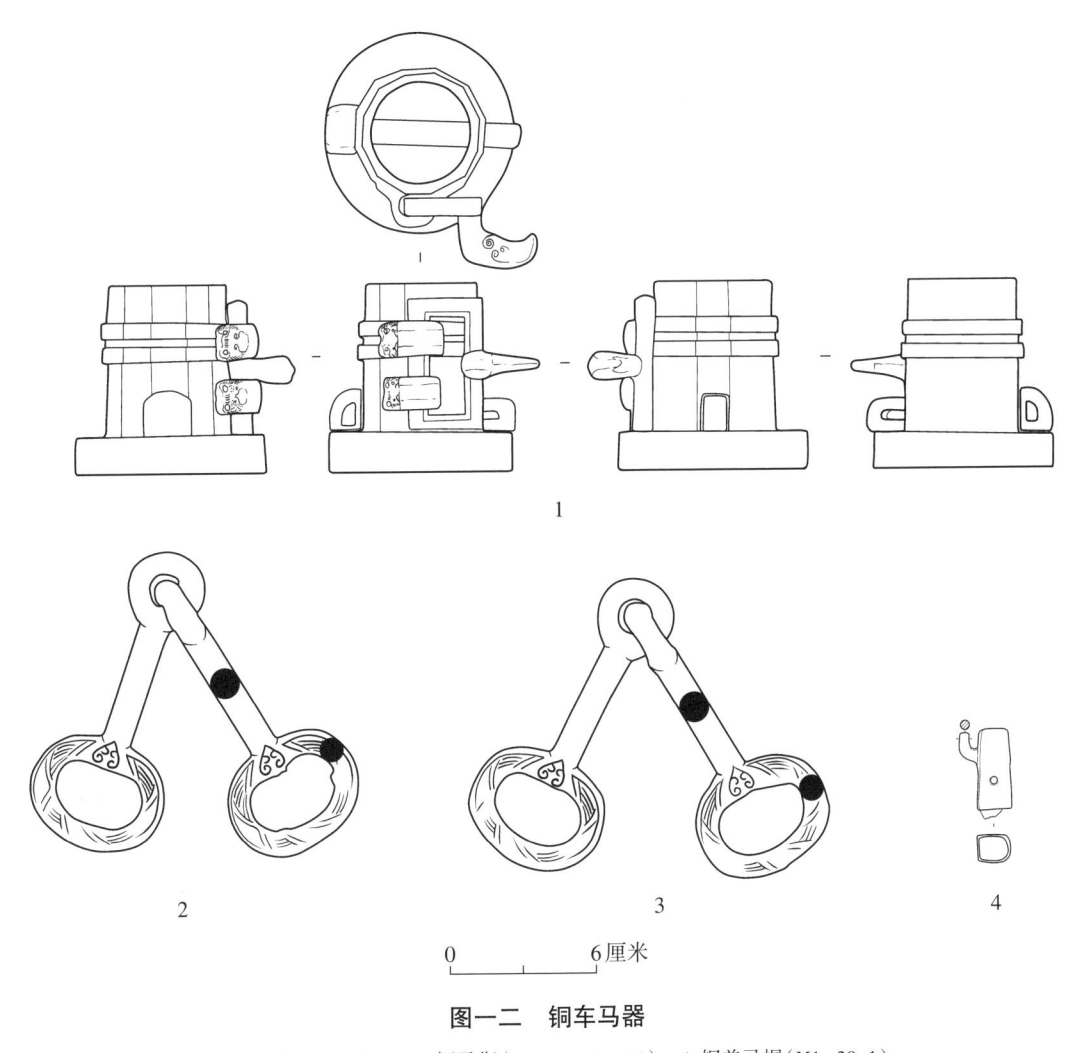

图一二 铜车马器

1. 铜辖軎（M1∶6） 2、3. 铜马衔（M1∶10、M1∶12） 4. 铜盖弓帽（M1∶39-1）

图一三　铜辖軎（M1∶6）

图一四　铜马衔（M1∶10）

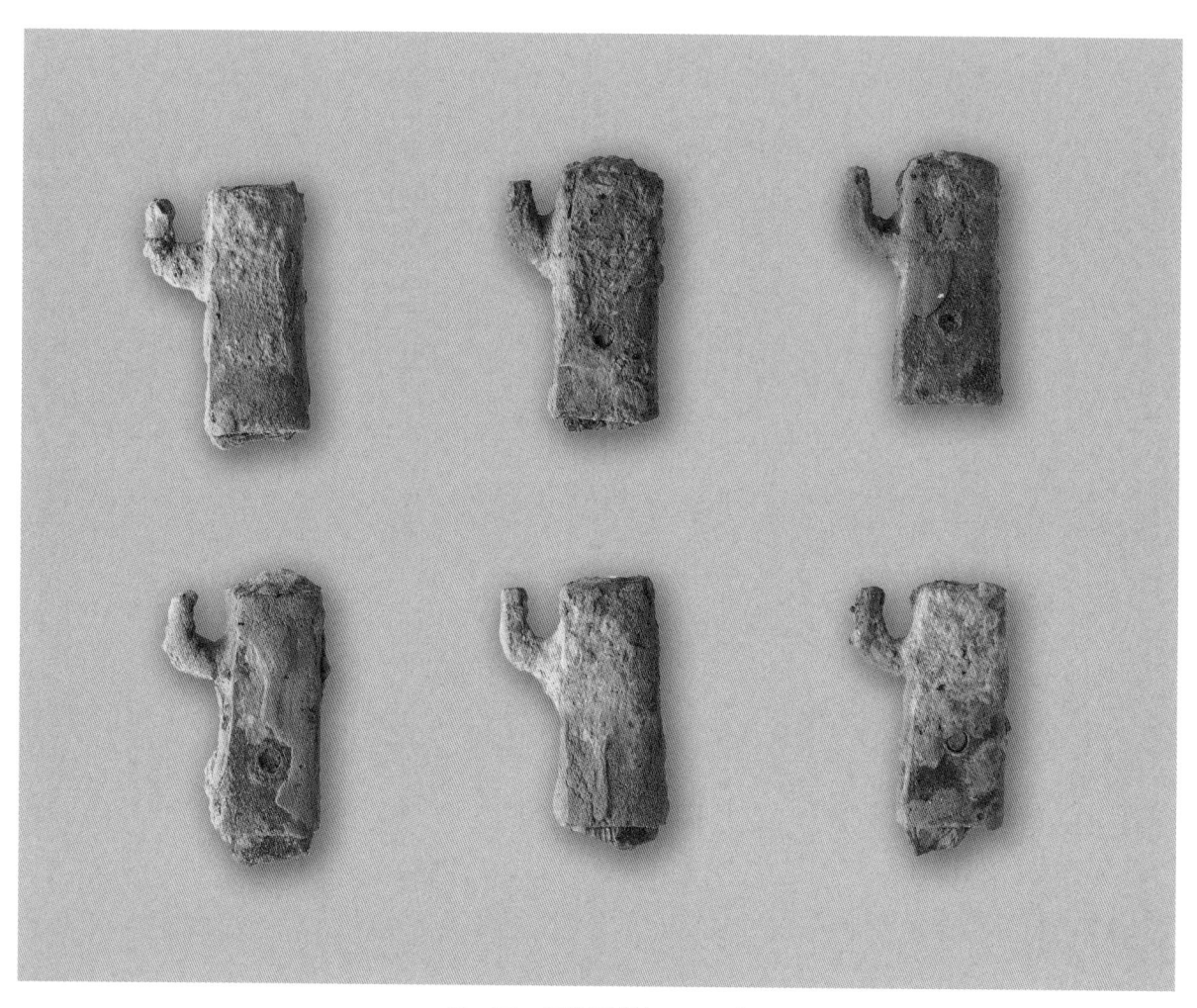

图一五　铜盖弓帽（M1∶39）

（二）陶器

陶器有陶鼎、陶豆、陶壶和陶尊四种。

陶鼎 1件。M1∶20，盖母口，弧顶，中心有半环形纽。鼎身子口，扁鼓腹，圜底，三蹄足。口沿下有长方形对称双耳，略外侈，中间有长方形穿孔。腹部饰弦纹。口径15.6、通高20.3厘米（图一六，3；图一七）。

陶豆 2件。泥质灰陶，形制基本相同。盖破损，覆钵形，喇叭形捉手。子母口，深盘，高柄，喇叭形足。盘身上部及柄部饰弦纹。标本M1∶21，口径17.2、足径13.7、通高41.2厘米（图一六，1）。

陶壶 2件。泥质灰陶。形制相同。盖面微鼓，顶部均匀分布三个环纽，子口。壶身侈口，方唇，束颈，溜肩，肩部两侧有兽面形铺首，长圆腹，圈足。有轮制痕迹，通体施黑色陶衣，陶衣上施红色彩绘，大部分彩绘已经脱落。标本M1∶31，口径14.4、腹径30.8、足径18.4、通高48.8厘米（图一六，2；图版一七、图版一八）。

陶尊 1件。M1∶33，泥质磨光灰陶。侈口，唇端有沟，短束颈，折肩，腹斜收，平底。肩上有凹弦纹，腹饰细绳纹。口径19.2、肩径24.4、底径12.4、高26厘米（图一六，4）。

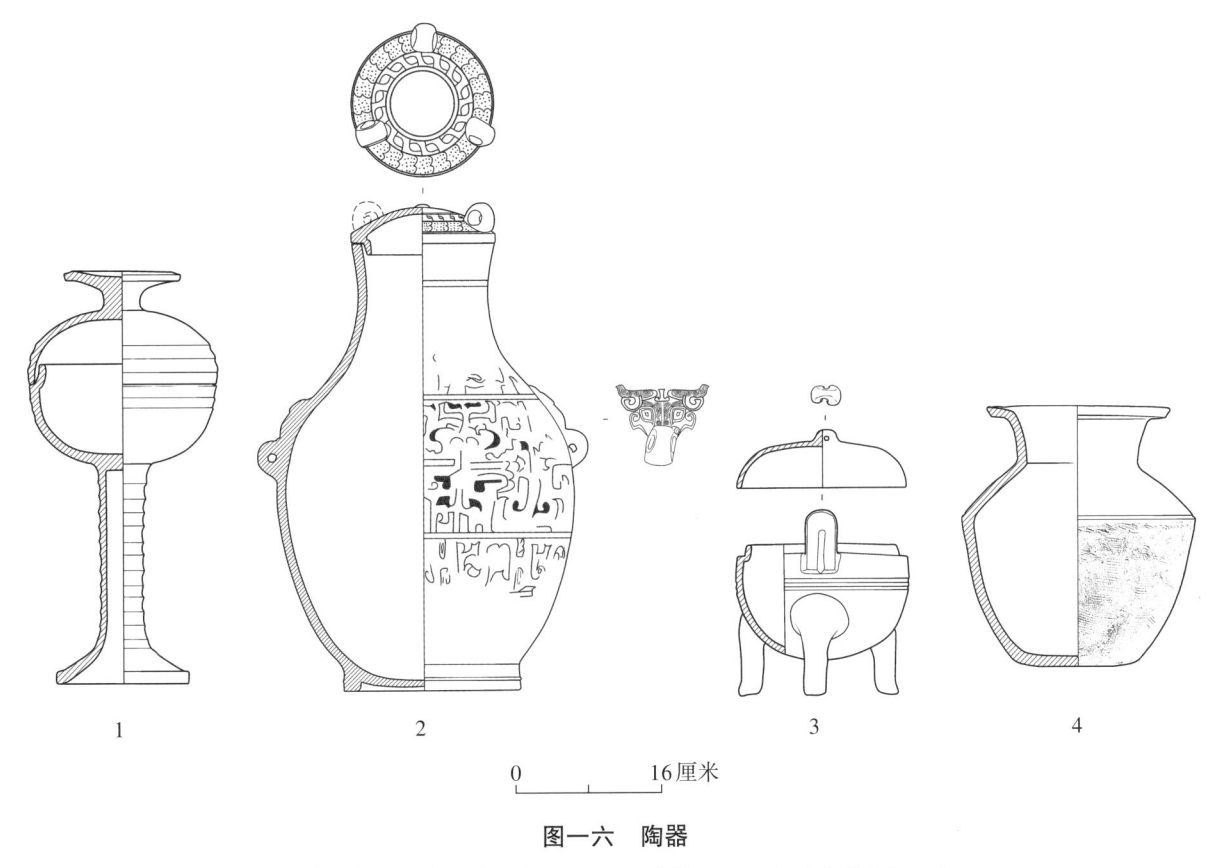

图一六 陶器

1. 陶豆（M1∶21） 2. 陶壶（M1∶31） 3. 陶鼎（M1∶20） 4. 陶尊（M1∶33）

图一七　陶鼎（M1∶20）

（三）玉石器

玉石器种类和数量都较多，其中以滑石制成的各种饰件数量最多。

玛瑙环　3件。M1∶3，青白色，有一裂痕，有杂质，截面呈六边形。外径6、内径3.3、厚约0.7厘米（图一八，1；图一九，1）。M1∶4，透亮，呈青色，截面呈六边形。外径6.5、内径3.3、厚约0.8厘米（图一八，2；图一九，2）。M1∶5，透亮，白色带褐斑。外径3.6、内径2.3、厚约0.5厘米（图一八，3；图一九，3）。

鱼形石佩饰　2件。形制相似。半环形，一侧穿孔，另一侧有豁口，外侧有锯齿。M1∶41，通长6.2、最窄处宽2、最宽处宽2.7、厚约0.6厘米（图一八，4；图二〇，1）。M1∶42，残长7、最窄处宽1.7、最宽处宽2.9、厚约0.6厘米（图一八，5；图二〇，2）。

穿孔石饰　1件。标本M1∶43，不规则四边形，有打磨痕迹，呈绿色，较通透，中部有一圆孔。通长4.1、孔径0.6、厚0.2厘米（图一八，6；图二一）。

石饰件　均为滑石制成，出土数量较多，除了部分完整外，还有大量残损的石饰片。分3型。

A型　动物形石饰。较为完整的共16件，石饰上一般有穿孔，穿孔分大小两种。标本M1∶44，卧虎形，头向尾，尾上翘，四肢蜷缩。长9.8、高4.3、厚0.3厘米（图一八，7；图二二，1）。标本M1∶46，马形，一端为马头，另一端为虎头，两头同向。长6.6、高6、厚0.4厘米（图一八，8；图二二，2）。标本M1∶47，两犬相连，回首相望。通长8.6、通高5.3、厚0.3厘米（图一八，9；图二二，3）。标本M1∶48，松鼠形，尾上翘。长9.9、高3.6、厚0.3厘米（图一八，10）。标本M1∶49，回首兽形，尾部残损。残长9.8、高4.4、厚0.3厘米（图一八，11）。标本M1∶50，回首兽形，短尾。长9.5、高4、厚0.4厘米（图一八，12；图二二，4）。标本M1∶54，犬形，仰天长啸，短尾，后足残缺。长7.3、高6.1、厚0.5厘米（图一八，13）。

图一八 玉石器

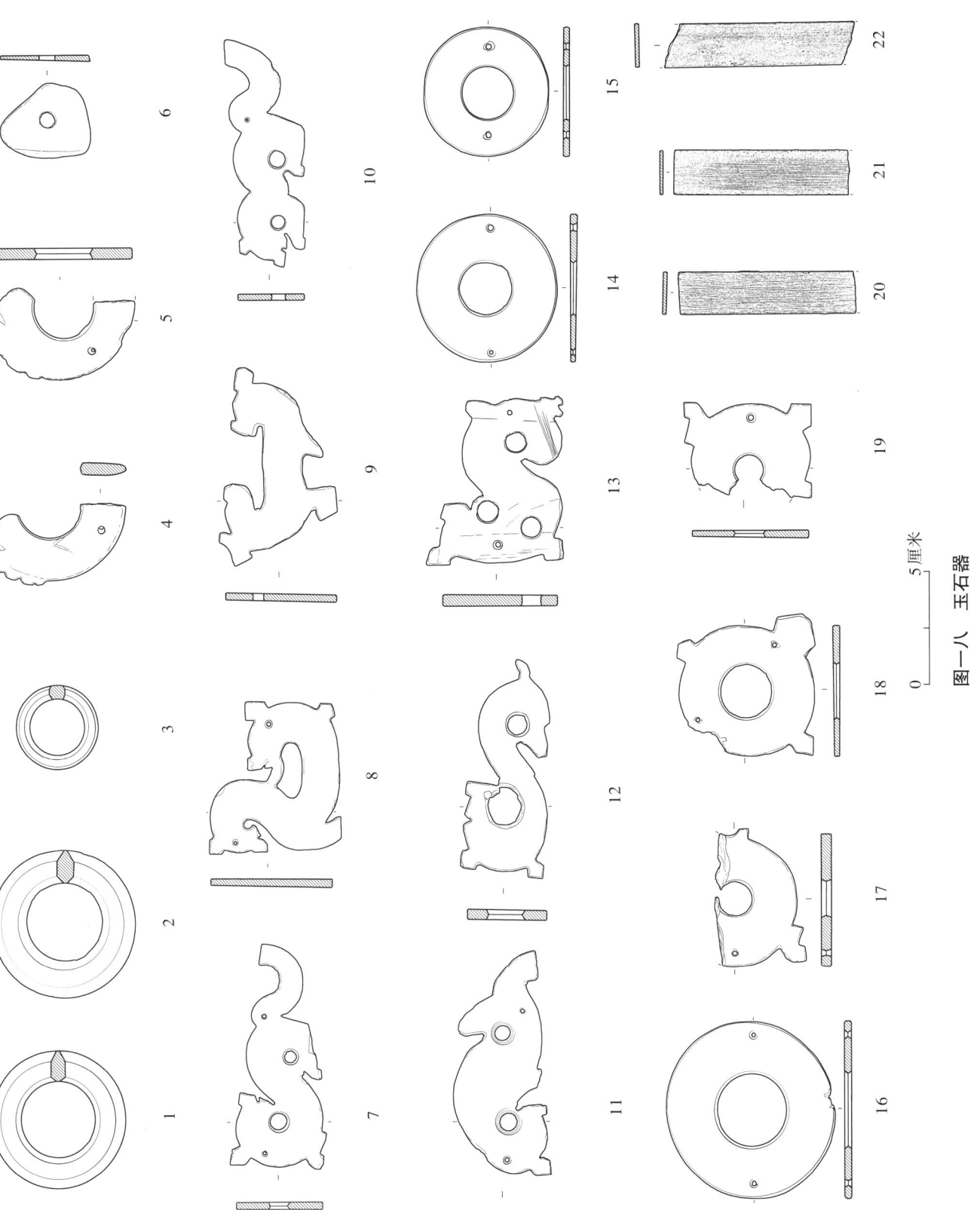

1-3. 玛瑙环（M1:3-M1:5） 4、5. 鱼形石佩饰（M1:41、M1:42） 6. 穿孔石饰（M1:43） 7-13. A型石饰件（M1:44、M1:46-M1:50、M1:54） 14-16. Ba型石饰件（M1:70、M1:71、M1:65） 17-19. Bb型石饰件（M1:83-M1:85） 20-22. C型石饰件（M1:88-M1:90）

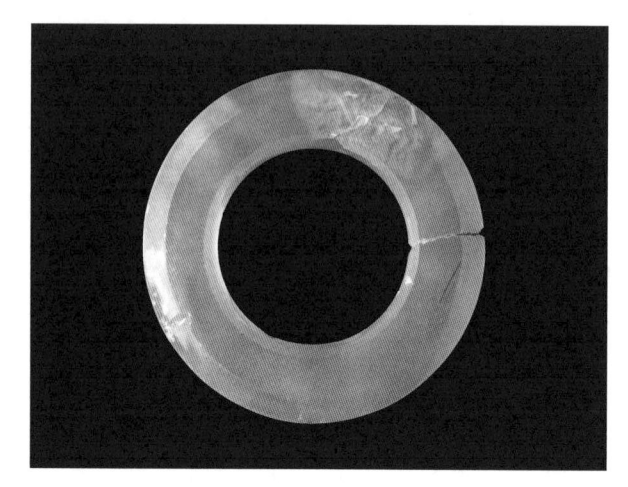

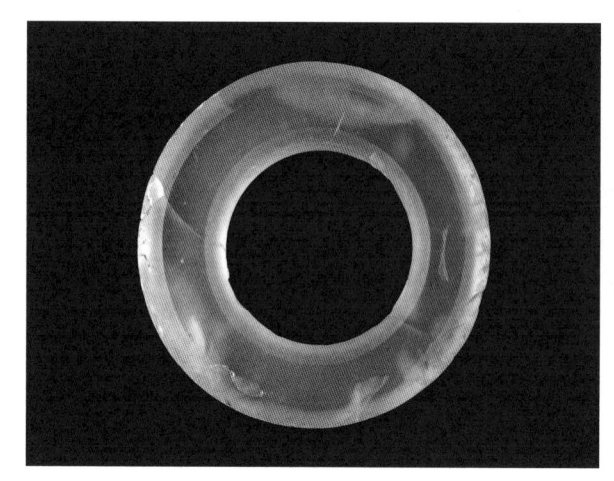

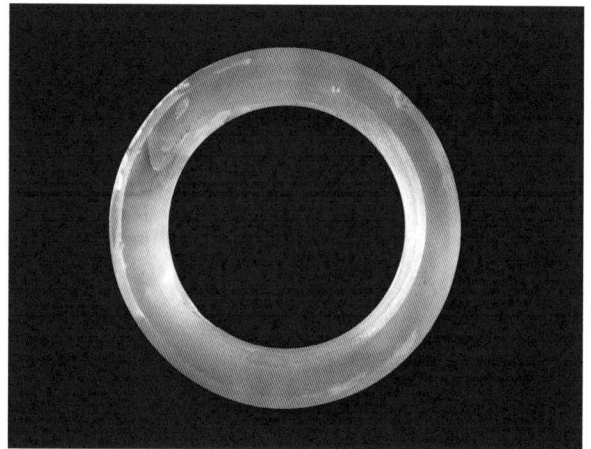

图一九　玛瑙环

1. M1:3　2. M1:4　3. M1:5

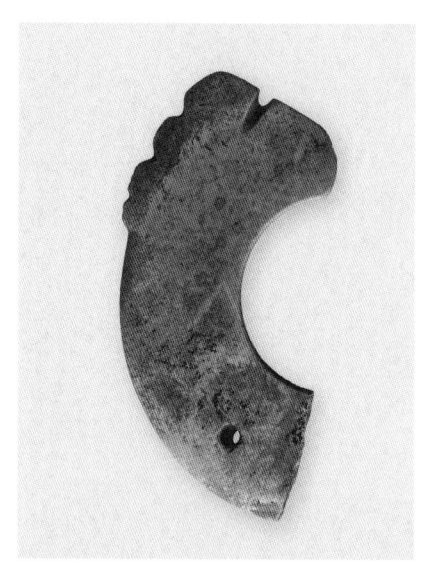

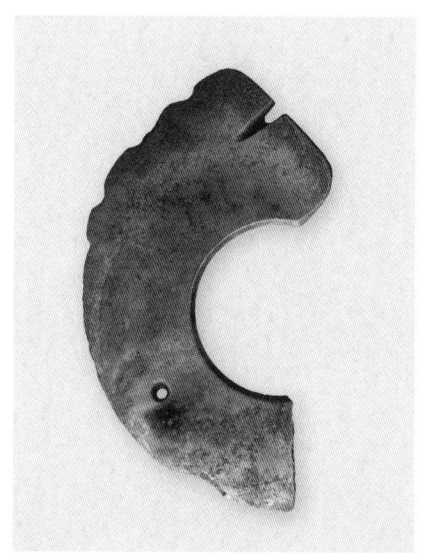

图二〇　鱼形石佩饰

1. M1:41　2. M1:42

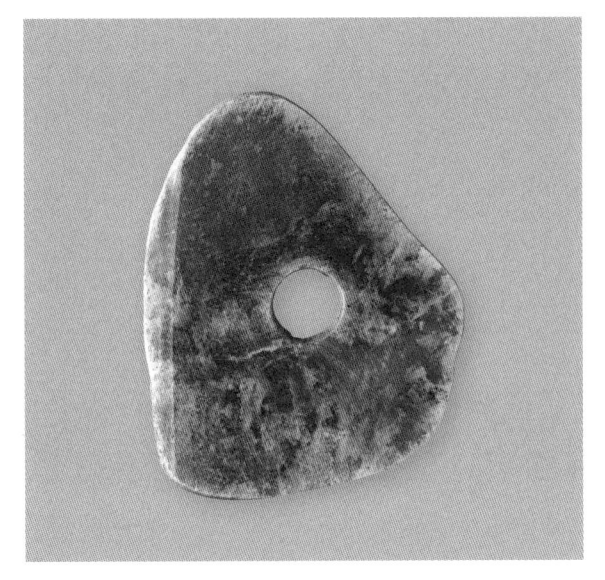

图二一　穿孔石饰（M1∶43）

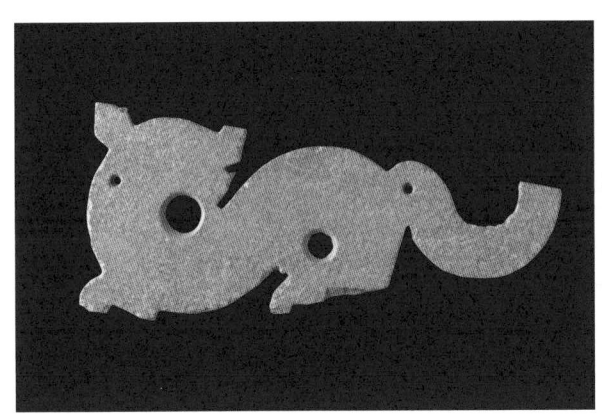

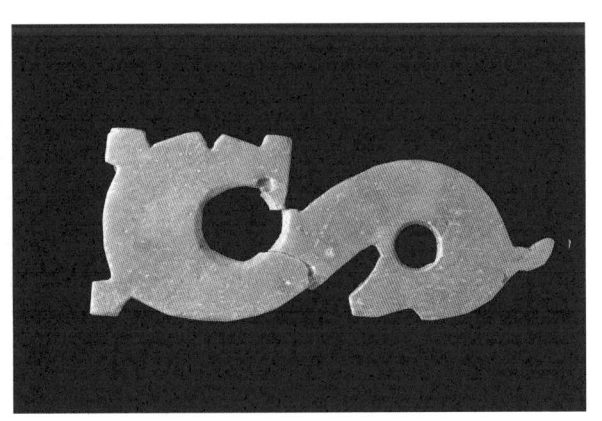

图二二　A型石饰件
1. M1∶44　2. M1∶46　3. M1∶47　4. M1∶50

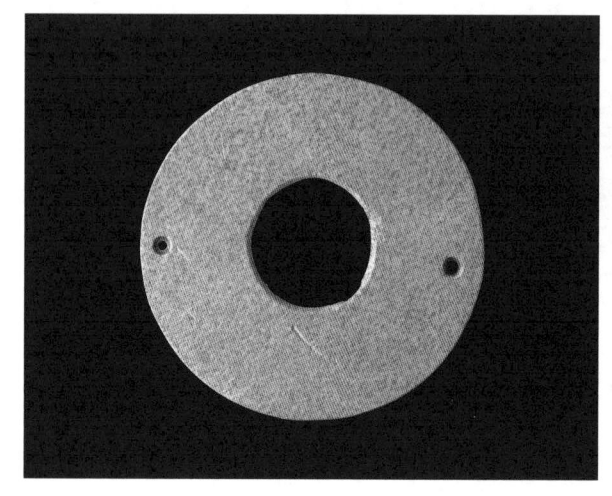

图二三　Ba型石饰件（M1：70） 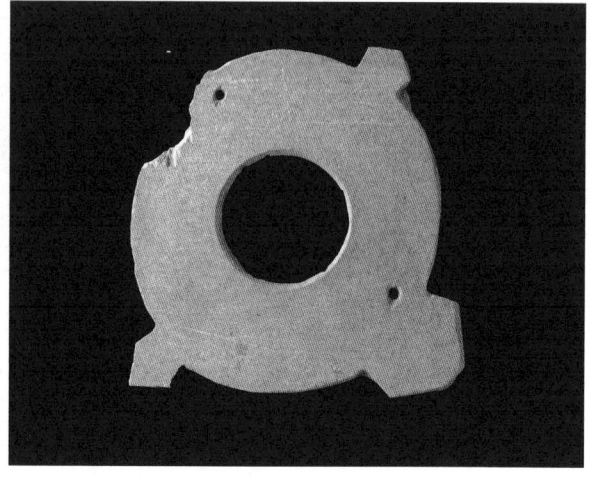　　　　　图二四　Bb型石饰件（M1：84）

B型　环形石饰。依据是否有凸起分两亚型。

Ba型　圆环形，较为完整的有14件。标本M1：65，有两穿孔。外径7.7、内径3.2厘米（图一八，16）。标本M1：70，有两穿孔。外径6.5、内径2.3厘米（图一八，14；图二三）。标本M1：71，有两穿孔。外径5.6、内径2.3厘米（图一八，15）。

Bb型　环形有穿孔，外有凸起，多残断。标本M1：83，直径5.8、孔径1.5厘米（图一八，17）。标本M1：84，直径5.7、孔径2.3厘米（图一八，18；图二四）。标本M1：85，直径5.7、孔径1.3厘米（图一八，19）。

C型　长条形石饰，较为完整的有7件。标本M1：88，残长8、宽1.9厘米（图一八，20）。标本M1：89，残长8、宽2厘米（图一八，21）。标本M1：90，残长8.6、宽2厘米（图一八，22）。

（四）骨角器和贝饰

角镳　4件。形制相似。均用动物角截成，经刮削而成。体稍曲，一端尖，一端平，体上有两长方形穿，刻划有云雷纹。标本M1：11，一件完整，纹饰靠近平端，长21.6厘米；一件断裂，纹饰靠近平端，残长11厘米（图二五，1）。标本M1：13，两件均长20.5厘米（图二五，2；图二六）。

骨管　1件。M1：95，一端细，一端粗。长3、外径1.1、内径0.7厘米（图二五，3）。

骨环　1件。M1：96，截面呈梯形。上面径2、下底径2.5、内径1.2厘米（图二五，4）。

贝饰　1组。M1：7，完整48件，残损44件。黄白色，中间呈锯齿状。长约4.5厘米（图二七）。

三、结　语

（一）墓葬年代

涿鹿故城M1出土了数量较多的铜容器和兵器、工具，类似形制的器物以往也多有发现。从器物组合和形制看，M1与北京通县中赵甫墓葬最为相似，两者年代大致相近。简报认为中赵甫

图二五 骨角器

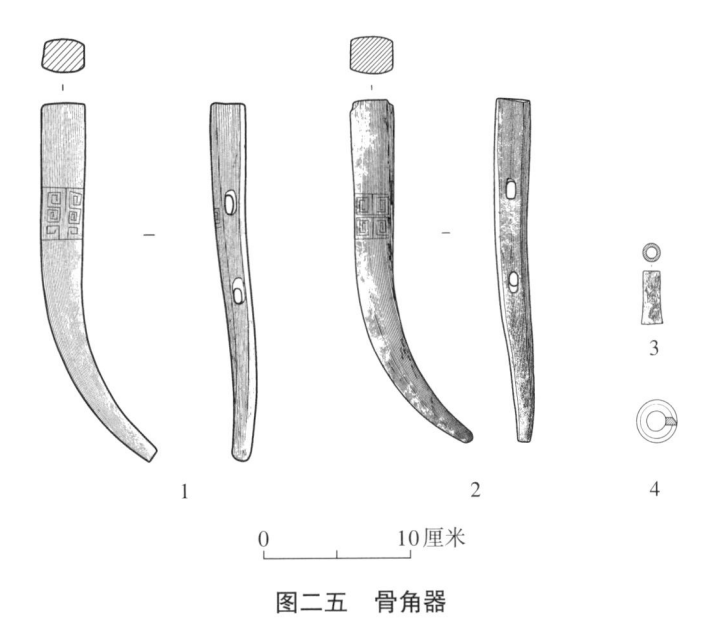

1、2. 角镳（M1∶11-1、M1∶13-1） 3. 骨管（M1∶95） 4. 骨环（M1∶96）

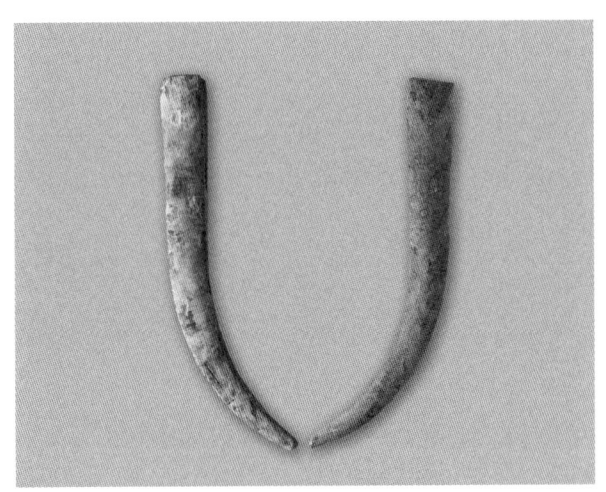

图二六 角镳（M1∶13）　　　　图二七 贝饰（M1∶7）

墓的年代为战国中晚期[1]，朱凤瀚认为该墓年代属于战国中期偏早[2]，陈光认为这座墓葬属于其所分的东周燕文化第八（1）组，年代在战国中期[3]，而且这一结论也得到了其他学者的支持[4]。

M1出土有4件琵琶形带钩，形制类似的带钩在三晋两周地区主要流行于春战之际到战国早期[5]。M1出土的铜盘、铜匜的造型和纹饰均较为精美，类似形制的器物见于北京房山前朱各庄战国墓，该墓年代被定在战国早期[6]。M1出土了大量滑石制成的饰件，形制相似的器物在朝阳袁台子M1和辽阳徐往子战国墓都有发现，这两座墓葬的年代都在战国中期[7]。根据已有的研究，战国燕墓中主要流行仰身直肢葬，屈肢葬仅在战国早、中期有少量存在[8]。

另外，M1人骨标本测定了碳十四年代，根据Beta实验室的测定，校对后的年代数据为公元前

672-前429年（65.9%）和公元前758-前678年（29.5%），年代范围较大，在春秋到战国早期。

综合以上分析，我们认为M1的年代大致在战国早期到战国中期之间，下限不会晚于战国中期。

（二）墓葬性质和学术意义

从墓葬形制和随葬器物种类来看，M1属于典型的燕文化墓葬。墓葬出土的青铜容器有三鼎、一豆、一敦、二壶、一盘和一匜，青铜兵器、工具和车马器也比较丰富，而且二层台上的尸骨很可能是殉人，这些都表明墓主人生前有较高的等级，可能属于燕国地方贵族。但值得注意的是，墓葬中虽然铜容器数量较多，但也出现了鼎和豆等陶容器，而且铜容器器壁均较薄，用料也极为节省，这些现象说明墓主人家庭可能有没落的趋势。

涿鹿故城遗址M1保存较为完好，随葬器物组合也较完整，该墓的发掘为燕文化的研究提供了一批重要资料，尤其是对于深入研究燕国贵族的丧葬习俗具有十分重要的意义。

注　释

[1] 程长新：《北京市通县中赵甫出土的一组战国青铜器》，《考古》1985年第8期。
[2] 朱凤瀚：《中国青铜器综论》，上海古籍出版社，2009年，第1984页。
[3] 陈光：《东周燕文化分期论》，《北京文博》1998年第4期。
[4] 中国社会科学院考古研究所：《中国考古学·两周卷》，中国社会科学出版社，2004年，第342页。
[5] 苏军强、滕铭予：《三晋两周地区东周带钩分期研究》，《考古与文物》2017年第2期。
[6] 北京市文物研究所：《北京房山前朱各庄战国墓发掘简报》，《文物》2017年第4期。
[7] 辽宁省文物考古研究所等：《朝阳袁台子》，文物出版社，2010年，第42、45页；邹宝库等：《辽宁辽阳徐往子战国墓》，《考古》2017年第8期。
[8] 中国社会科学院考古研究所：《中国考古学·两周卷》，中国社会科学出版社，2004年，第340页。

涿鹿故城遗址M2发掘简报[*]

涿鹿故城遗址位于河北省涿鹿县矾山镇三堡村北，地处涿鹿县矾山盆地中，海拔高度约为733米。遗址东北角地理坐标为东经115°24′18.4″，北纬40°13′32.3″。该城址现存部分平面近梯形，残存夯筑城墙高3-5米，最大长度约500米。南、西、北三面城墙保存相对完整，东城墙部分被轩辕湖冲毁。遗址内地表可见大量陶片，多为夹砂陶和泥质陶，多为红色、黑色和灰色，可辨器形包括鼎、鬲、豆、盆等。石杵、斧、凿及陶纺轮等工具也有发现。对该城址的勘探结果表明，城址内保存有灰坑、井和疑似道路等遗迹（图一）。

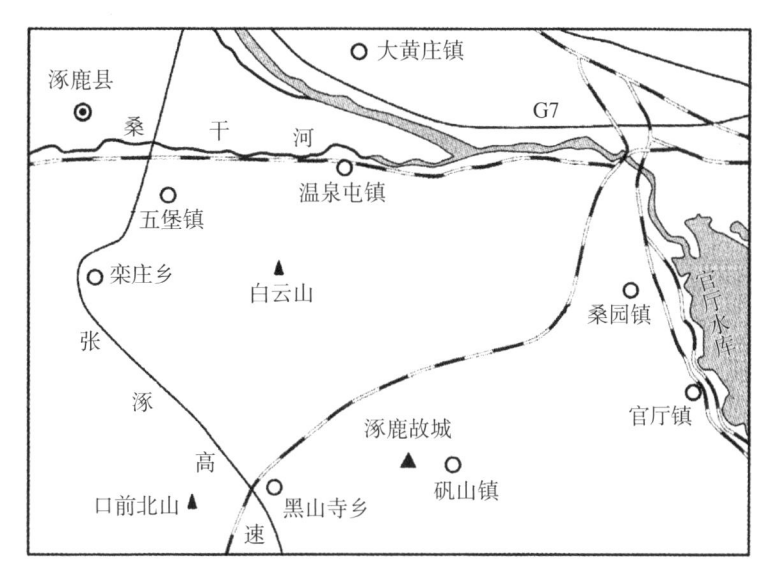

图一 涿鹿故城位置示意图

2016年7月，吉林大学边疆考古研究中心和涿鹿县文物局联合对该遗址进行了调查和试掘。调查过程中，在靠近西城墙的城址中部发现因耕种暴露墓圹的古代墓葬两座，将其编号为M1和M2，这两座墓葬东西最大间距约20米（图二）。因未发现墓葬与城内其他遗迹存在叠压打破关系，两座墓与城址的关系暂时无法进一步探讨。

---

[*] 原题为《河北涿鹿故城遗址2号战国墓发掘简报》，载《考古》2019年第10期。

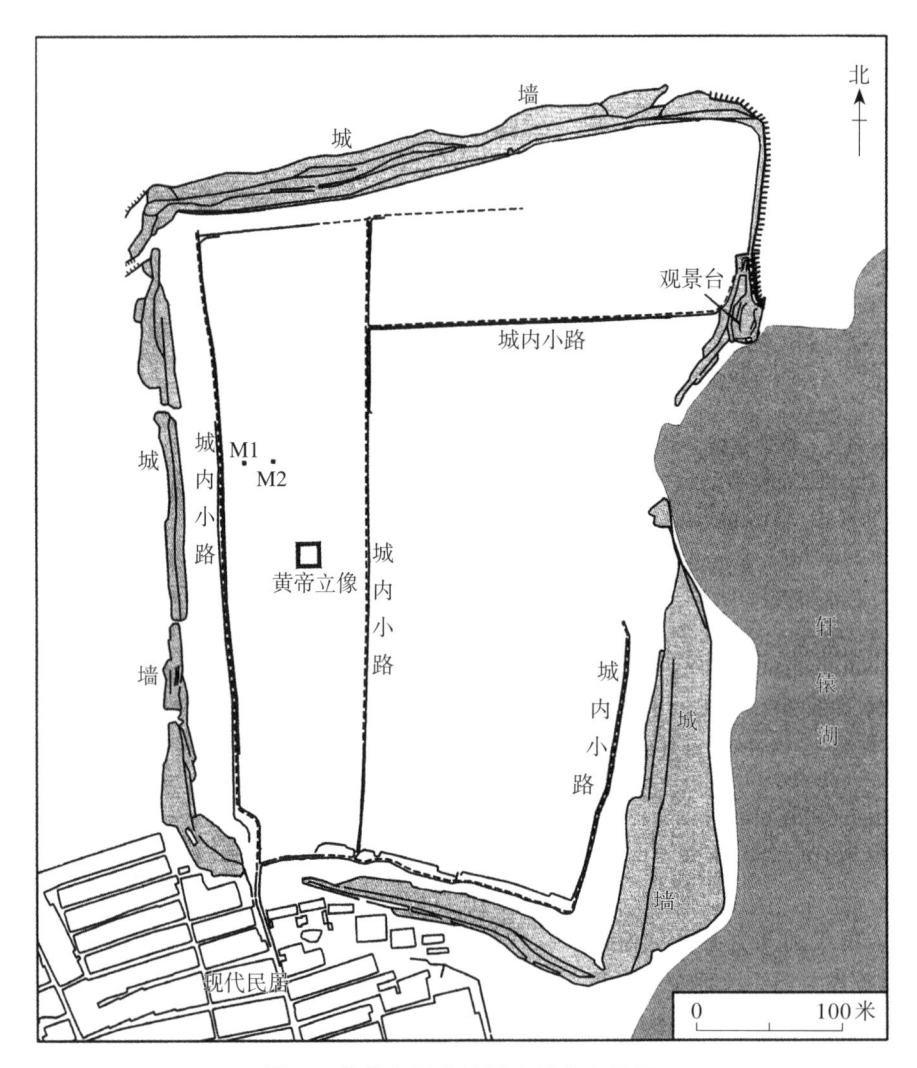

图二　墓葬在涿鹿故城中的分布位置

经向相关文物管理部门请示，对这两座墓葬进行了抢救性发掘。墓葬开口层位虽已被破坏，但墓室尚保存完好，出土了丰富的随葬品。其中数量较多的是铜器、陶器和玉石器，器物种类主要包括容器、武器、工具、车马器和装饰品等。现将M2的发掘情况简报如下。

一、墓葬形制

M2为竖穴土坑墓，总体平面呈长方形，现存墓口叠压于表土层下，方向335°。现存墓口最长3.5米，最宽2.8米。

该墓葬形制比较特殊。具体营造方式是，首先按平面长方形垂直下挖至一定深度，然后在墓坑南壁预留一南北向长方形棺床；围绕棺床，在北、西、东三面继续下挖深槽，用来放置随葬品；棺床之上也挖有一长方形浅槽，用来摆放葬具（图三）。

从现场发掘填土中存在腐朽木屑的情况分析，该墓应存在木质葬具。但因腐朽过于严重，具

图三　M2墓葬平、剖面图

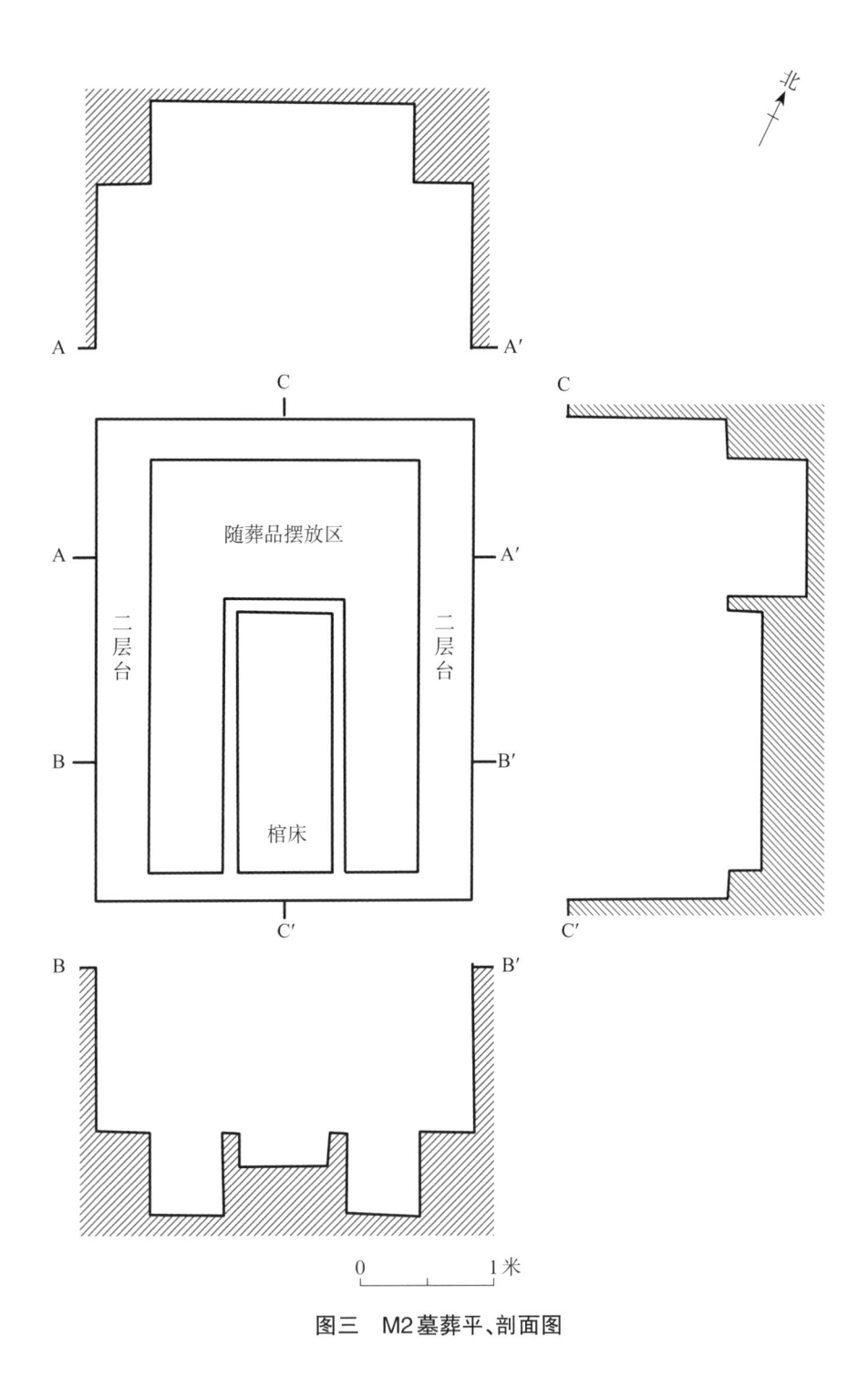

体形制难以辨识。墓主遗骸发现于棺床之上，为一名40岁左右的男性个体。葬式为仰身屈肢，头向西北。随葬品器物种类包括容器、车马器、武器和装饰品等。鼎、敦、壶等容器成排摆放在墓主头侧凹槽内的居中位置，装饰品和武器、车马器等主要分布在棺床东、西两侧（图四）。

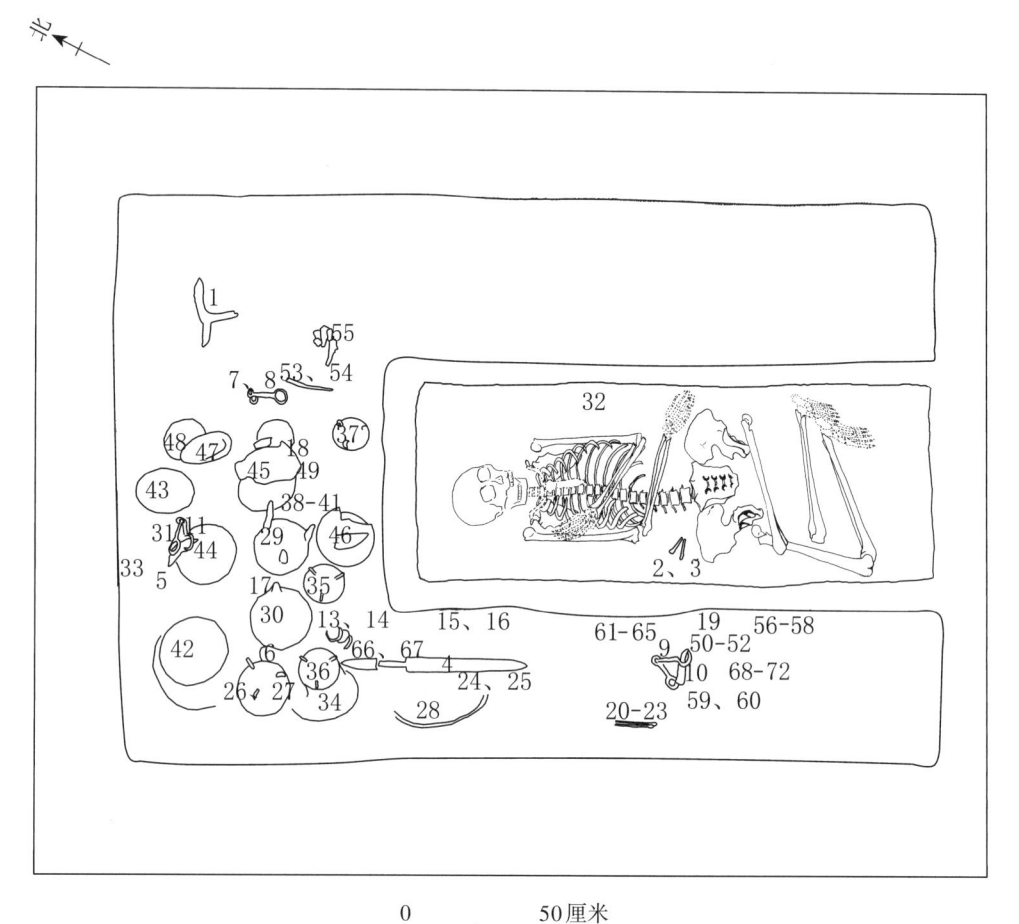

图四　M2墓底平面图

1、66、67.铜戈　2、3.铜带钩　4、32、33.铜剑　5.铜勺　6、17.铜匕　7-9、31.铜马衔　10、11、53、54.角镳　12.石璜
13、14、59、60.铜辖軎　15、16.铜刀　18、20-23、49.铜镞　19、50-52.铜车角形器　24、25.玛瑙环　26、27.铜敦
28.铜盘　29、30.铜豆　34.铜匜　35、36.铜壶　37.陶双联壶　38-41.铜鼎　42-48.陶尊　55.角尖
56-58."T"形管状器　61-65.铜环　68.铜盖弓帽　69.铜镦　70-72.铜合页

二、随葬器物

M2的随葬器物非常丰富，其中以铜器和石饰件数量最多，此外还有一定数量的陶容器和骨角器。以下分类介绍。

（一）铜器

M2出土的铜器种类和数量都比较多，按用途可以分为容器、工具及武器、车马器和装饰品四大类。

1. 容器

12件，包括铜鼎、铜豆、铜壶、铜敦、铜匜和铜盘等。

铜鼎　4件。依据盖钮不同分为两型。

A型　2件。盖面有三个环钮。盖为弧顶，环钮上卷云纹界以目纹。盖顶饰两周弦纹，将盖面分为三周纹饰带，第一周饰变形云纹，第二周饰蟠螭纹，第三周饰窃曲纹。器身口微敛，斜方唇，鼓腹，圜底。肩部有对称长方形双耳，略外侈，中间有长方形穿孔。三个蹄形足较高，足上可见范线。器腹有一道凸棱，上腹和下腹饰有蟠螭纹，蹄形足素面。M2：38，鼎内发现一整条鱼骨。口径21.5、通高22.2厘米（图五，1；图版二五、图版二六）。M2：39，口径21.6、通高23厘米（图五，2；图版二七、图版二八）。

B型　2件。盖面有三个兽形钮。盖为弧顶，盖顶中心有一小立钮，外套一个活环，环上饰涡纹及交错三角纹。盖顶饰两周三角云纹，将盖面分为三周纹饰带，各饰繁缛的蟠螭纹。兽形钮为卧牛形，盘角，凸睛，短吻，蹄状足，牛身侧卧，牛首抬起，牛身饰窃曲纹。器身口微敛，方唇，鼓腹，圜底。肩部有对称长方形双耳，略外侈，中间有长方形穿孔，耳内面饰蟠虺纹，耳侧面饰绚索纹。三个蹄形足较高，足上可见范线。器腹有一道凸棱，上腹和下腹饰有蟠螭纹。M2：40，蹄足上部饰有饕餮兽面纹，口径25.7、通高28.3厘米（图五，3；图版二九、图版三〇）。M2：41，鼎内发现鱼骨和羊骨。口径25.5、通高27.4厘米（图五，4；图版三一、图版三二）。

铜豆　2件。形制相同，尺寸接近。豆盖为半球形，顶部有三个细高捉手，豆盖可倒置作一容器。豆身口微敛，深弧腹，喇叭状细高长柄，圆台状圈足，肩部有两个对称环耳。通体有纹饰，自盖顶至豆身下腹有五条弦纹，弦纹间有五组纹饰，最顶端一组为双连回纹环绕变形云纹，第二组为三角纹加兽面纹，第三组为双连回纹加变形云纹，第四组与第三组相同，第五组与第二组相同。柄部上下饰绚索纹和弦纹带，中间饰上下交错的细长三角纹，其内填兽面纹，圈足上饰两周弦纹。捉手和环耳表面饰卷云纹。豆内均残留有饼状食物。圈足底部可见大片红褐色烧结范泥。M2：29，腹径18、圈足径13.7、通高51.9厘米（图五，7；图版一九、图版二〇）。M2：30，腹径17.7、圈足径12.9、通高50.7厘米（图五，8；图版二一、图版二二）。

铜壶　2件。形制相同。盖面微鼓，顶部均匀分布三个云状环钮，末端呈鸟喙状，子口。壶身侈口，方唇，束颈，溜肩，长圆腹，圈足，肩部两侧有铺首衔环。器表满布细线镂刻的人物画像纹。盖面纹饰以弦纹分为两圈，内外圈皆分为三组相同纹饰，内圈以圆钮为中心，饰有回首鹿纹，外圈为二人狩猎纹。自壶口至圈足以亚腰纹相隔分为七层纹饰，第一层有四只相对称的鸟，两只大鸟对立，张口衔蛇，鸟冠后垂，尾向上竖起，尾下各一小鸟，仰首站立；第二层为四组云纹；第三层饰有四组狩猎纹，一鸟首猎人张弓斗蛇，一猎人脚踏一蛇，持弓斗兕，兕低头抵抗，一猎人张弓搭箭射一飞鸟；第四层为八组狩猎纹，两猎人斗兕，兕低头抵抗，一鸟高飞；第五层为八组狩猎纹，一羽冠猎人持弓搭箭射一飞兽，下有两只四足兽；第六层为八组羽人仙鹤纹及"S"形纹，仙鹤足踏一蛇，低头张口欲衔；圈足饰一圈斜方格纹。圈足底部可见大片红褐色烧结范泥。M2：35，口径12.2、最大腹径24.8、通高39.8厘米（图六；图版二三、图版二四）。

铜敦　2件。盖与器身合扣近球形，上下基本对称。盖顶有三个云状环钮，器身子口微敛，方唇，球腹，圜底，肩部有两个对称环耳，下有三个云状环足，足与环钮末端皆呈鸟喙形。从盖顶至环足饰五组纹饰，最顶端为双连回纹加变形云纹，第二组为锯齿纹加兽面纹，第三组为双连回纹加变形云纹，第四组和第三组相同，第五组和第二组相同，足和钮均饰斜角云纹。敦内均残留有

图五 铜容器

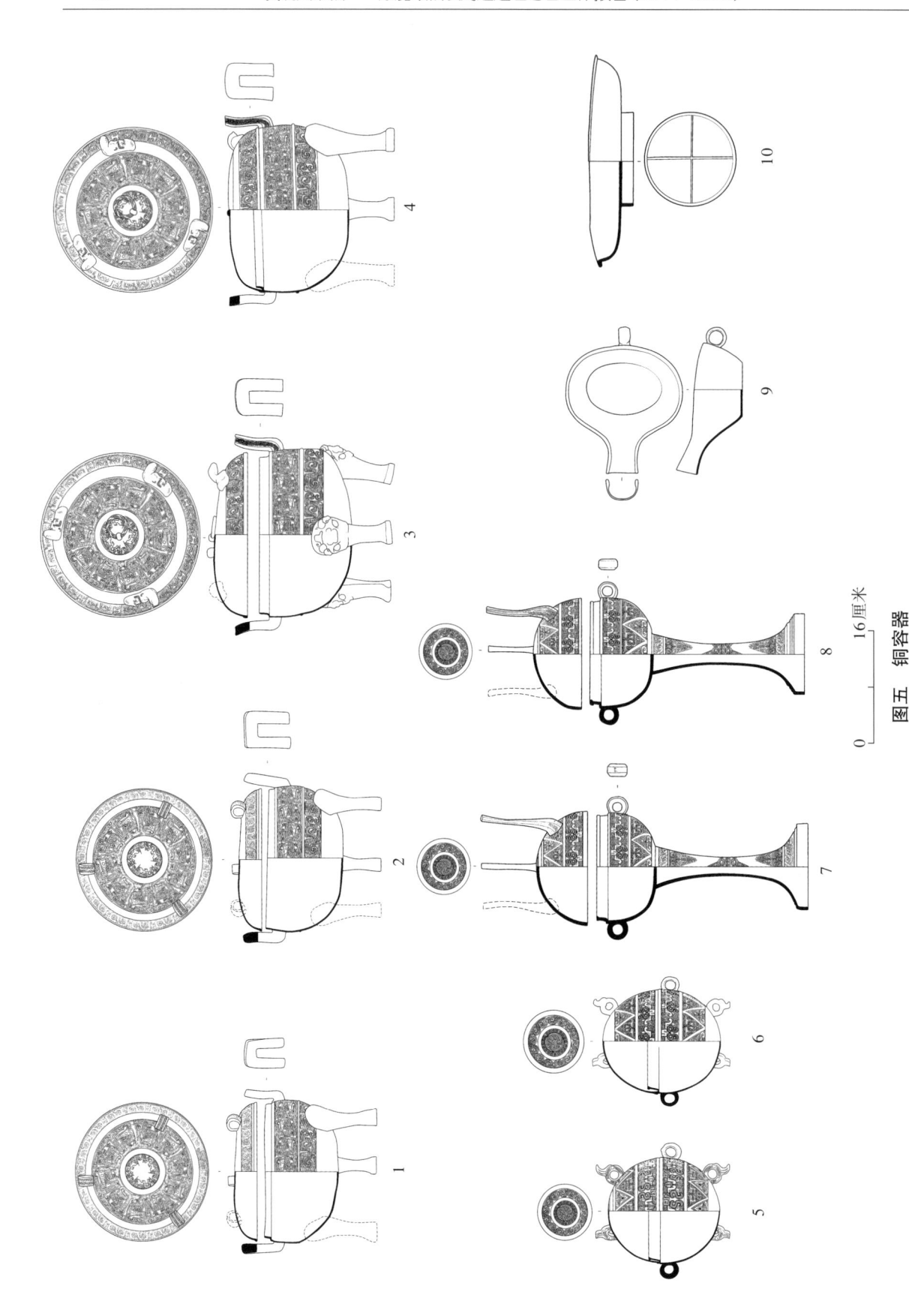

1、2. A型铜鼎（M2∶38，M2∶39） 3、4. B型铜鼎（M2∶40，M2∶41） 5、6. 铜敦（M2∶26，M2∶27） 7、8. 铜豆（M2∶29，M2∶30） 9. 铜匜（M2∶34） 10. 铜盘（M2∶28）

似馒头形面食（图八）。M2∶26，最大直径16.5、通高20.3厘米（图五，5）。M2∶27，最大直径16.2、通高21.8厘米（图五，6；图七）。

铜匜 1件。M2∶34，器口平视呈瓢形，口沿微敛，方唇，一侧有槽状流，流偏向一边且上翘，另一侧有环耳，环耳外侧饰斜角云纹，器身残留红色彩绘。和铜盘（M2∶28）组合出土，配套使用。口长轴19.2、短轴14.6、底长轴12.1、短轴8.1厘米，流长6.2厘米，高10.8厘米（图五，9；图九）。

铜盘 1件。M2∶28，口微敛，平沿，斜方唇，浅腹，平底，圈足外撇。素面。圈足底部可见十字形范线。口径24.7、圈足径12、高5.4厘米（图五，10；图一〇）。

图七　铜敦（M2∶27）

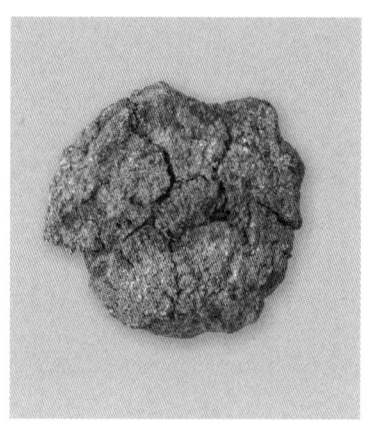

图八　铜敦中的面食
1. M2∶26出土　2、3. M2∶27出土

图九　铜匜（M2∶34）

图一〇　铜盘（M2∶28）

2. 武器和工具

18件。器类包括铜剑、铜戈、铜镞、铜镦、铜刀、铜勺和铜匕等。

铜剑 3件,依据柄部差异可分为两型。

A型 2件。无柄首,直刃,剑身横截面为菱形,中脊凸起,圆柱状柄,素面。M2:4,脊两侧有血槽。颈外部加木柄,木柄上残留织物痕迹。通长50.1厘米,柄长9.5、宽1.8、厚1.7厘米,剑身长40.6、宽4.6厘米(图一一,1;图一二)。M2:33,有剑格,上有两周凹槽。通长46.4、剑柄长8.2、剑身长38.2、剑身宽4.4、剑格长1.5厘米(图一一,2)。

B型 1件。M2:32,圆盘状柄首。直刃,剑身横截面呈菱形,中脊凸起。剑格装饰有绿松石嵌出的兽面纹。柄上有两箍,柄首饰有环状纹。剑柄上有织物包裹痕迹。通长60、剑柄长9.2、剑身长50.8、剑身宽4.8、剑格长1.6厘米(图一一,3;图一三)。

铜戈 3件,形制差异明显。M2:1,援、内皆较狭长。援呈弧形,中部有脊。直内,内末端呈尖状。下阑出头,长胡三穿,内上有一穿。通长29.9、援长19、内长10.9、胡长12.5、阑长14.1厘米(图一一,4;图一四,1)。M2:66,上下援基本平直,直内,内末端平齐。下阑出头,胡上有三

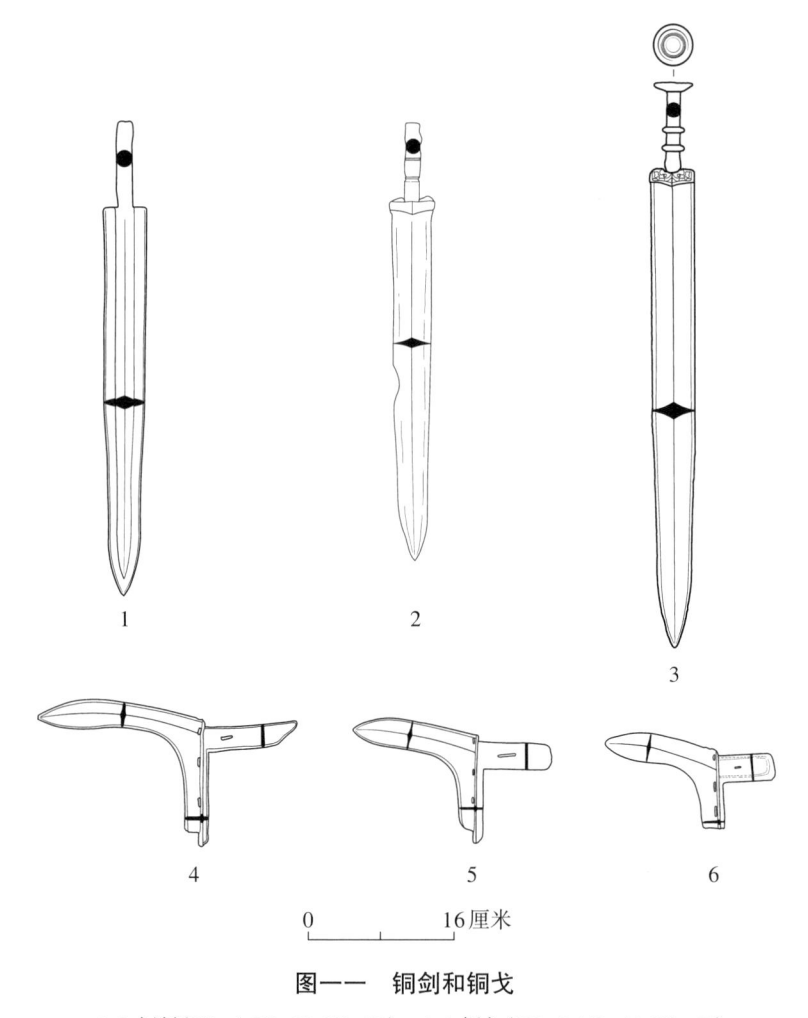

图一一 铜剑和铜戈

1-3.铜剑(M2:4、M2:33、M2:32) 4-6.铜戈(M2:1、M2:66、M2:67)

图一二 A型铜剑（M2:4） 　　图一三 B型铜剑（M2:32）

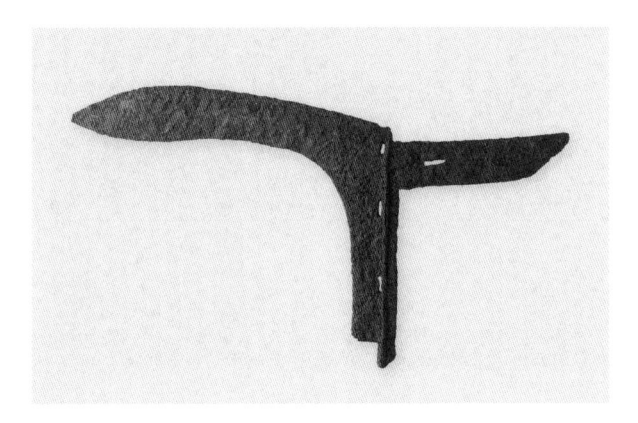

1

2 　　　　　　　　　3

图一四 铜戈
1. M2:1　2. M2:66　3. M2:67

穿，内上有一穿。通长22.3、援长14.1、内长8.2、胡长10.4、阑长11.8厘米（图一一，5；图一四，2）。M2：67，援、内均较宽，援微弧，直内，内末端平齐，胡上有三穿，内上有一穿。内上饰双勾线纹。通长18.4、援长12.3、内长6.1、胡长8.5、阑长9.7厘米（图一一，6；图一四，3）。

铜镞　6件。均为有铤无翼镞，依据镞身长短差异，可分为两型。

A型：2件。镞身较长呈圆柱状，圆凸顶，圆形长铤。素面。镞身有木质包裹残留。标本M2：49，残长11、镞身长6.2、铤残长4.8厘米（图一五，1；图一六）。

B型：4件。镞身较短，呈帽状，三面磨尖；圆柱状长铤，尾端缺失，上宽下窄，铤上残留有机质痕迹。标本M2：20，通长7.6、铤残长6厘米（图一五，2；图一七）。标本M2：23，通长13.4、铤残长12.4厘米（图一五，3）。标本M2：24，通长12.9、铤残长11.4厘米。

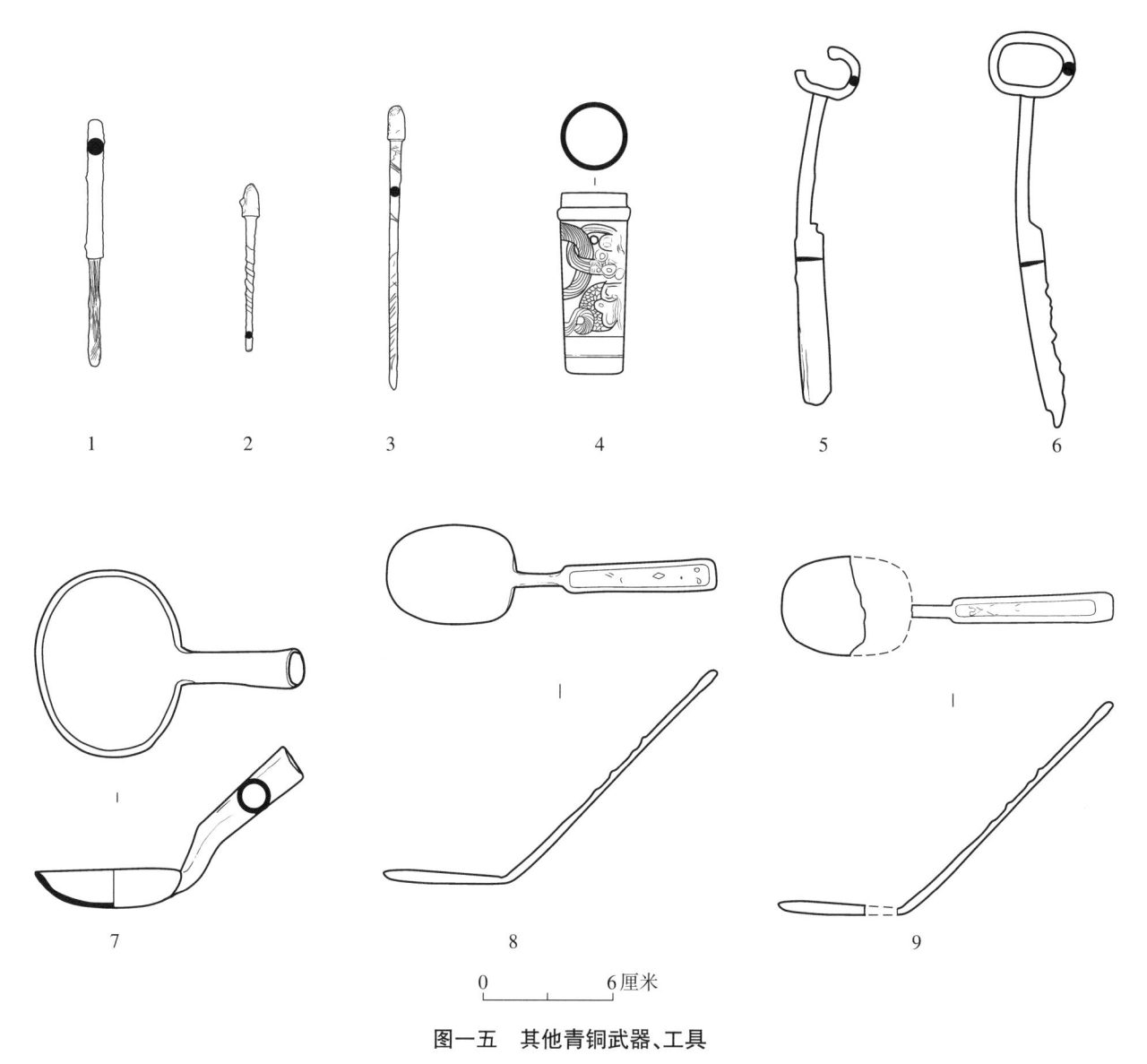

图一五　其他青铜武器、工具

1-3. 铜镞（M2：49、M2：20、M2：23）　4. 铜镦（M2：69）　5、6. 铜刀（M2：15、M2：16）　7. 铜勺（M2：5）　8、9. 铜匕（M2：6、M2：17）

铜镦 1件。M2∶69，圆柱状，有銎，自銎孔至底端逐渐变粗，近銎孔处加箍，箍侧有对穿孔。銎内残存木柲。器表饰蟠螭纹。长8、銎孔外径3、底径2.5厘米（图一五，4；图一八）。

铜刀 2件。形制大致相同。均为环首，环身截面呈扁圆形；扁条状柄，横截面呈三角形；刀身微呈弧形。M2∶15，环首残。残长16、残宽1.4厘米（图一五，5）。M2∶16，刃部残。残长17.5、残宽1.1厘米（图一五，6；图一九）。

铜勺 1件。M2∶5，勺身为椭圆形，平宽口沿，弧底。銎柄，銎内有木质残留物。器物上残留织物痕迹。素面。柄长7.2厘米、勺长6.8、宽8.3、深1.5厘米（图一五，7；图二〇）。

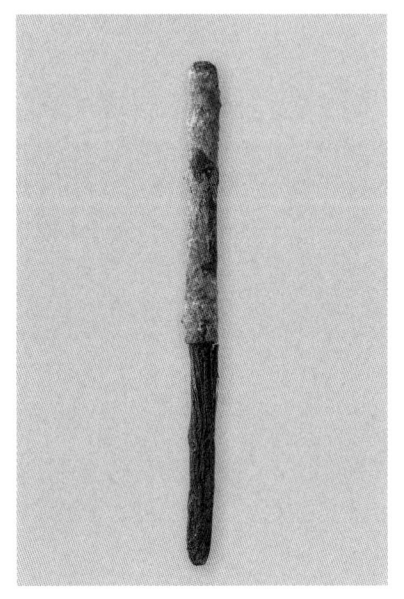

图一六　A型铜镞（M2∶49）

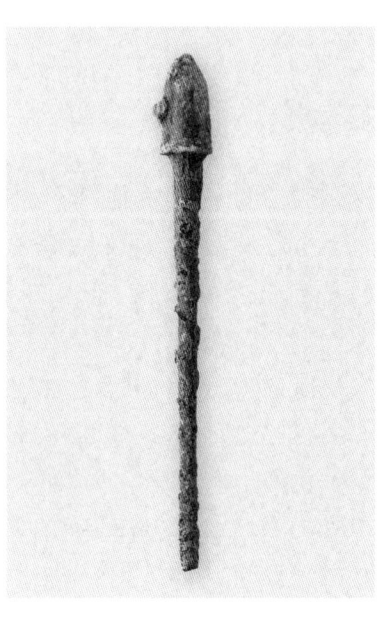

图一七　B型铜镞（M2∶20）

图一八　铜镦（M2∶69）

图一九　铜刀（M2∶16）

图二〇　铜勺（M2∶5）

图二一　铜匕（M2∶6）

铜匕　2件。形制相同。匕身为椭圆形，与柄合铸为一体，直柄，上宽下窄。器物上有织物残留痕迹。柄上有纹饰。M2∶6，柄长13.4、宽1.5厘米，匕身长6.1、宽4.4厘米（图一五，8；图二一）。M2∶17，已残断，匕身残长3.8、柄长13.6厘米（图一五，9）。

3. 车马器

32件。主要有马衔、辖軎、车角形器、"T"形管状器、盖弓帽、环和合页等。

铜马衔　两组共4件。均为双环成衔，内环相锁，双衔联合，每件马衔均有骨镳共出。

第一组2件。内环较小，近圆形，外环略大，呈椭圆形，外环、内环及连杆剖面均近圆形。两外环表面饰有弦纹，外环与连杆相连部分饰有兽面纹。M2∶7，通长22.3、侧柄长分别为4.7和4.6、内环外径分别为3.1和2.8、外环外径为5.6厘米（图二二，1；图二三，1）。M2∶8，通长24、侧柄长分别为5.2和5.6、内环外径3.2、外环外径5.4厘米（图二二，2）。

第二组2件。内环较小，近圆形，外环略大，呈椭圆形，外环、内环剖面均近圆形，连杆横截面为扁圆形。素面。M2∶9，通长25.5、侧柄长分别为6.2和6.5、内环外径分别为3.3和3.1、外环外径为5.3米（图二二，3；图二三，2）。M2∶31，通长26.3、柄长6.4、内环外径3.2、外环内径分别为5.2和5.4厘米（图二二，4）。

铜辖軎　4件。根据车軎外端是否封堵，可分为两型。

A型　2件。车軎顶端有部分封堵。管状车軎的顶端平，中间有一圆孔，軎体中空，表面饰蟠螭纹，外侧加箍。近轴端有折沿，折沿外侧有长方形辖孔，辖孔两侧分别有一圆形穿孔。辖孔内穿素面车辖，辖首、辖尾有椭圆形穿孔。M2∶13，軎通长7.9、顶端外径4.8、内径1.9厘米，底端外径7.9、内径5.2厘米，辖残长8、宽1.5厘米（图二二，5；图二四，1）。M2∶14，顶端残缺，軎残长7.8厘米，底端外径8、内径5.2厘米，辖长8、宽1.5厘米（图二二，9；图二四，2）。

B型　2件。车軎顶端未封堵，軎口宽厚平整，呈圆台状，台下有对穿的长方形辖孔，近管口有一道宽箍。辖为四棱穿钉状，首部方形，上饰纹饰，辖首、辖尾各有一个长方形穿孔；辖身截面近方形。M2∶59，軎通长6.7、底端外径7.3、底端内径4、顶端直径4.5、辖长7.8厘米（图二五，1）。M2∶60，軎通长6.6、底端外径7.4、底端内径4.3、顶端直径4.5、辖长7.9厘米（图二五，2）。

图二二　车马器

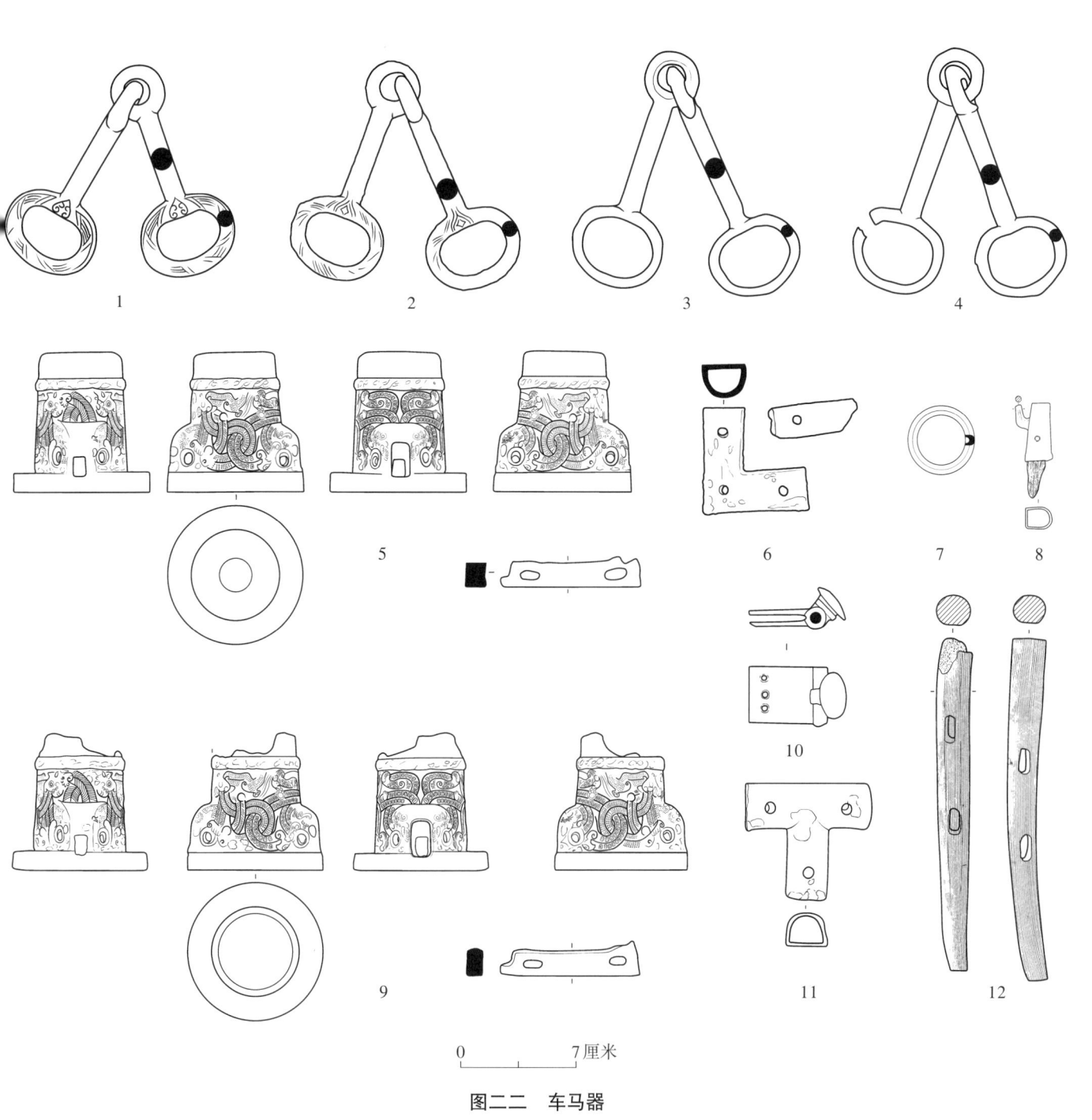

1-4. 铜马衔（M2∶7、M2∶8、M2∶9、M2∶31）　5、9. 铜辖軎（M2∶13、M2∶14）　6. 铜车角形器（M2∶19）　7. 铜环（M2∶61）
8. 铜盖弓帽（M2∶68）　10. 铜合页（M2∶70）　11. 铜"T"形管状器（M2∶57）　12. 角镳（M2∶53）

铜车角形器 4件。形制相同。平面呈曲尺形,管状,中空,底面平,正面鼓起,横截面为半圆形,两端及拐角处各有一个对穿孔。管内残留木条。标本M2:19,一边长6.2、另一边长6、管径2.6厘米(图二二,6;图二六)。

铜"T"形管状器 3件。形制相似。平面呈"T"字形,管状,中空,底面平,正面鼓起,横截面为半圆形,三末端及拐角处各有一个对穿孔。管内残留木条。M2:57,一边长6.9、另一边长3.7、管径2.5厘米(图二二,11;图二七)。

铜盖弓帽 9件。形制相同,大小相近。帽体一端细,另一端粗,上边平,下边呈圆弧状,中空。銎孔呈马蹄形,銎内残存木条。帽钩位于上部,钩体粗短,帽体中部有一孔。M2:68-1-M2:68-9,长约5.4厘米(图二二,8;图二八)。

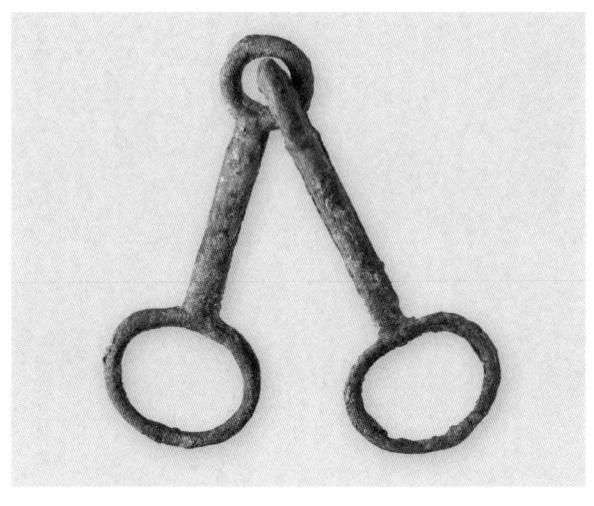

图二三 铜马衔
1. M2:7 2. M2:9

图二四 A型铜辖軎
1. M2:13 2. M2:14

图二五 B型铜辖軎
1. M2:59 2. M2:60

图二六　铜车角形器（M2∶19）

图二七　铜"T"形管状器（M2∶57）

图二八　铜盖弓帽（M2∶68）

铜环 5件。形制相同。圆环，环体截面呈拱形，外凸内凹，环体较粗，内外侧边缘均有范线。标本M2∶61，外径4、内径2.8、高1.3厘米（图二二，7）。

铜合页 3件。形制相同。方形双层页面，中空。一侧为轴，轴中连接可活动钮，钮柱较短，钮面为圆形，页面一侧有三组对穿孔。双层间有木质残留物。标本M2∶70，长5.9、宽3.1、钮面直径2.5厘米（图二二，10）。

4. 装饰品

铜带钩 2件。形制及大小相同。长条形，微弧，一端呈椭圆形，一端外折成钩。钮近尾端，钮柱较长，钮面较大，呈圆形。素面。M2∶2、M2∶3，通长8.9、最宽1.3厘米（图二九、图三〇）。

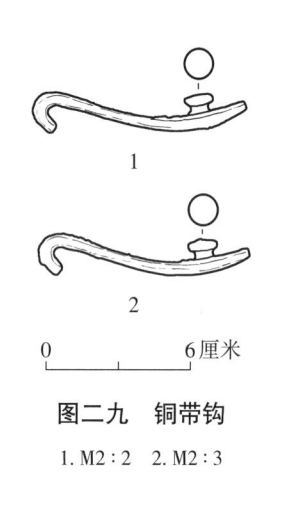

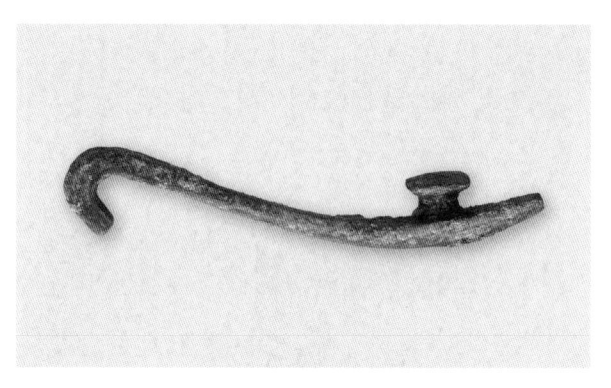

图二九　铜带钩
1. M2∶2　2. M2∶3

图三〇　铜带钩（M2∶2）

（二）陶器

共8件，除1件陶双联壶外，其余均为陶尊。

陶双联壶 1件。M2∶37，泥质灰陶，形制相同的两壶相连，肩部两管相连，腹部直接相连，底部有一管相通。盖面微鼓，均匀分布三环钮。壶身侈口，方唇，束颈，溜肩，长圆腹，圈足，肩部分别有两环耳。通体施黑色陶衣，然后刻划各种纹饰，陶衣上施红彩。壶面纹饰自上而下分为四层，第一层为变形卷云纹，第二层为折线纹，第三层为变形卷云纹，第四层为卷云纹。自壶口至圈足以弦纹相隔分为八层纹饰带，第一层为一周连续的卷云纹、龙纹加变形卷云纹，龙首瞠目张口，额上长角卷曲，身和尾呈"S"形，两肢作屈行状；第二层为折线纹；第三层为三角勾连纹加勾连云纹；第四层为双层卷云纹；第五层为龙纹，一壶为四条，另一壶为五条，龙尾上卷；第六层为折线纹；第七、八层为素面。口径11.6、最大腹径48.2、通高38.5厘米（图三一，1；图版三三、图版三四）。

陶尊 7件。依据器形大小，可分为两型。

A型　1件。M2∶46，器形较大。泥质磨光灰陶。口沿外翻，形成一宽仰面，上有一周凹槽，方唇，高束颈，溜肩，腹斜收，平底。肩上有一周沟纹。口径21.8、肩径28.1、高31.2厘米（图三一，6；图三二）。

图三一 陶器

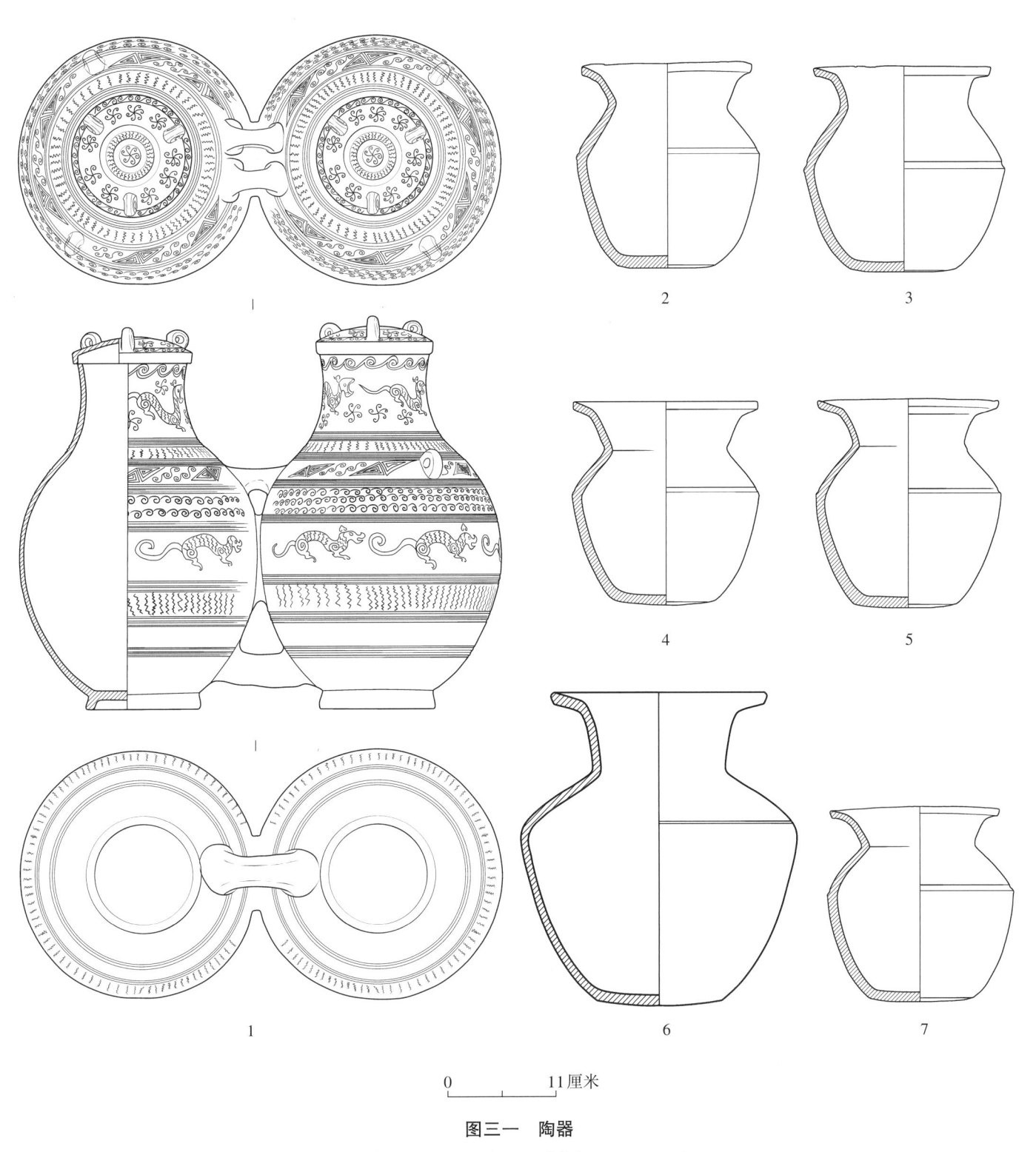

1. 陶双联壶（M2∶37） 2–7. 陶尊（M2∶42–M2∶47）

图三二　A型陶尊（M2∶46）　　　　　　　图三三　B型陶尊（M2∶43）

B型　6件。器形相对较小。泥质磨光灰陶，夹蚌。侈口，唇端有沟，短束颈，折肩，腹斜收，平底。折肩上有沟纹。标本M2∶42，口径17、肩径18.4、高20.2厘米（图三一，2）。标本M2∶43，口径17.2、肩径20.8、高19.7厘米（图三一，3；图三三）。标本M2∶44，口沿有红彩。器内残留动物骨骼。口径18.7、肩径18.9、高20厘米（图三一，4）。标本M2∶45，口径18.3、肩径18.7、高20.4厘米（图三一，5）。标本M2∶47，口径17.1、肩径18.9、高19.1厘米（图三一，7）。

（三）骨角器

共9件。包括角镳8件、角尖1件。

角镳　8件。用动物角截成，与马衔配套使用，刮削而成，镳体稍弧，有两长方形穿。标本M2∶53-1、M2∶53-2，2件为1对，两端磨平，一件残长18.4厘米，另一件残长18.9厘米（图二二，12；图三五）。

角尖　1件。M2∶55，动物角刮削而成，一端磨平，一端尖。通体光滑。长4.3厘米（图三四）。

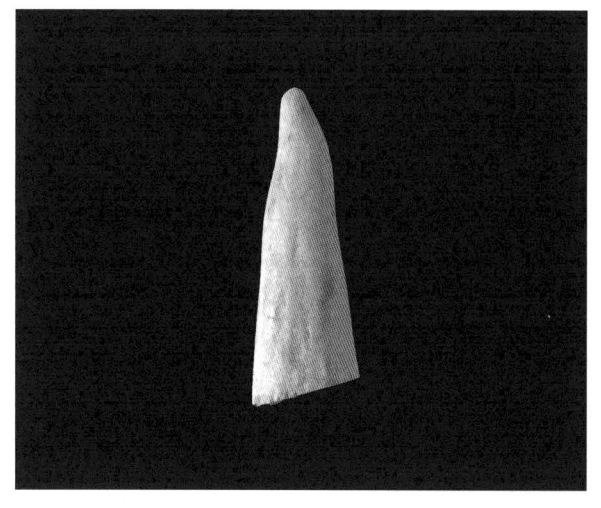

图三四　角尖（M2∶55）　　　　　　　图三五　角镳（M2∶53）

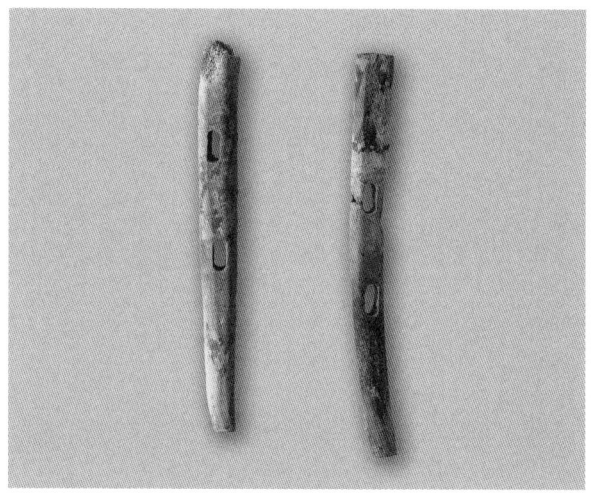

（四）玉石器

共89件。包括玛瑙环、石璇和大量滑石制成的石饰件。

玛瑙环　2件。M2：24，黄褐色，内部有白色杂质，有一裂痕，环身横截面呈六角形。外径6.4、内径3.7、厚0.7厘米（图三六，1；图版三五，1）。M2：25，质地透亮，内部有青绿色斑点，环身横截面呈六角形。外径3.5、内径1.7、厚0.6厘米（图三六，2；图版三五，2）。

石璇　1件。M2：12，顶面微凹。侧边分别饰有兽面纹和"S"形纹，其余素面，底部有织物残留痕迹。长3.9、宽2.8、高2.5厘米（图三六，4；图三七）。

环形石饰　47件。依据器形大小，可分为两型。

A型　1件。M2：73，器形较小，滑石制成，环形。外径2.7、内径1厘米（图三六，3；图三八）。

B型　46件较完整，另有大量残片。器形相对较大。皆以滑石制成。环形，两侧各有一穿孔。标本M2：76，外径6.1、内径2.7厘米（图三六，5；图三九，1）。标本M2：77，外径6.5、内径3厘米（图三六，6）。标本M2：79，外径6.7、内径2.6厘米（图三六，7）。标本M2：87，外径7、内径2.8厘米（图三六，8；图三九，2；图版三五，3）。

兽形石饰　22件较完整，另有大量残片，依据穿孔数量，可分为两型。

A型　11件。四孔饰件。滑石制成。兽面形，底边有齿，左右对称，两侧各有两个圆孔及一个小穿孔，上端中部呈锯齿状。标本M2：124，长8、通高5.5厘米（图三六，9；图四〇，1；图版三五，4）。标本M2：125，长9.1、通高5.3厘米（图三六，10；图四〇，2；图版三五，5）。

B型　11件。三孔饰件。滑石制成。兽面形，底边有齿，左右对称，侧边有一个圆孔及一个小穿孔，底端中部有一圆孔，上端中部边缘呈锯齿状。标本M2：134，残长8.1、残高5.3厘米（图三六，11；图四一；图版三五，6）。

长条形石饰　17件较完整，另有大量残片。滑石制成，长条形。标本M2：166，残长18.8厘米（图三六，12；图四二）。

三、结语

从随葬品组合和形制看，与M2较为相似的是北京通县中赵甫墓葬[1]和河北省迁西县大黑汀M1[2]，朱凤瀚先生认为后两者的年代属于战国中期偏早[3]，陈光先生也持有相同的观点[4]。而且，与M2出土的狩猎纹铜壶（M2：35）相似的器物也见于琉璃阁墓地M56、M59、M76，发掘者认为这几座墓葬年代下限在公元前4世纪末至公元前3世纪初[5]。M2出土铜戈（M2：1）的形制介于井中伟所分的Db型Ⅰ式和Ⅱ式铜戈之间，流行年代可能在战国早期到战国中期[6]。

另外，战国燕墓中主要流行仰身直肢葬，屈肢葬只出现在战国早期和中期[7]。不过，Beta实验室对M2提取的人骨标本进行了碳十四测定，年代数据范围在公元前788－前537年（置信率95.4%），主要落在春秋时期，较上述推定年代要偏早。综合以上分析，我们认为M2年代大致在战国早期到战国中期之间，下限不会晚于战国中期。

从墓葬形制和随葬品种类来看，M2属于典型的燕文化墓葬。墓葬随葬品非常丰富，仅铜器

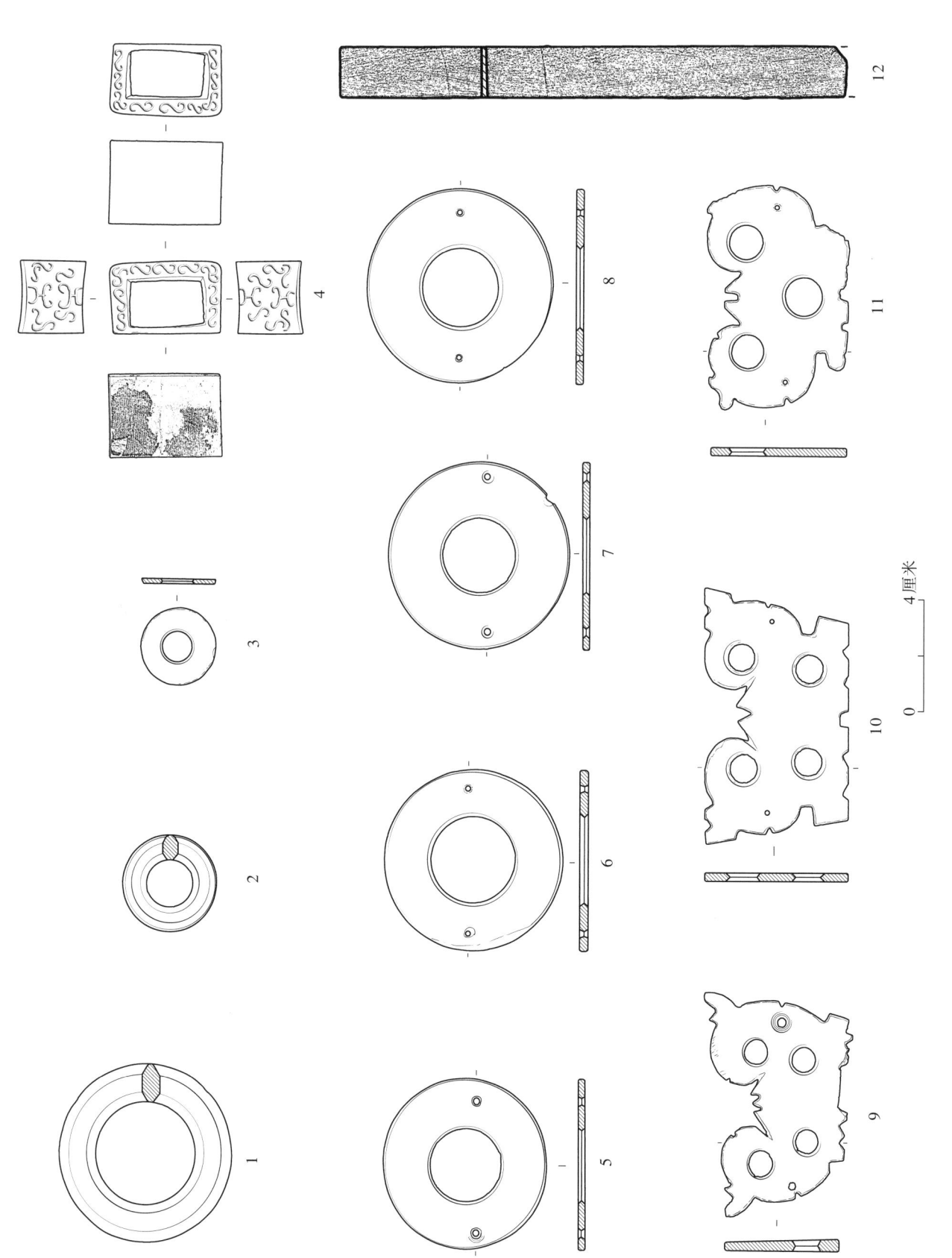

图三六 玉石器

1、2. 玛瑙环（M2：24、M2：25） 3、5~8. 环形石饰（M2：73、M2：76、M2：77、M2：79、M2：87） 4. 石璜（M2：12） 9~11. 兽型石饰（M2：124、M2：125、M2：134） 12. 长条形石饰（M2：166）

图三七 石璜(M2：12)

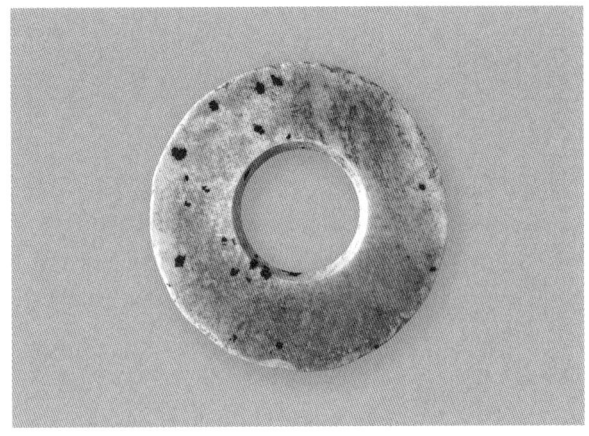

图三八 A型环形石饰(M2：73)

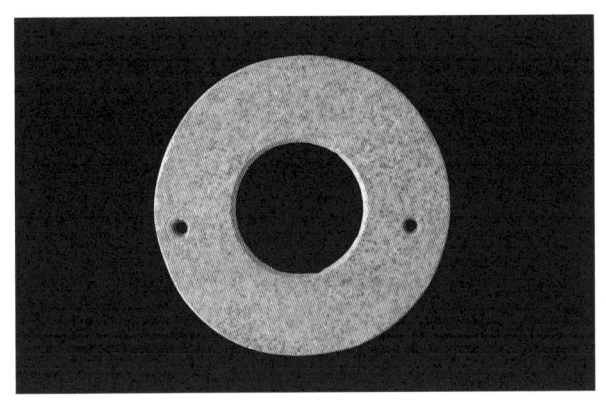

1

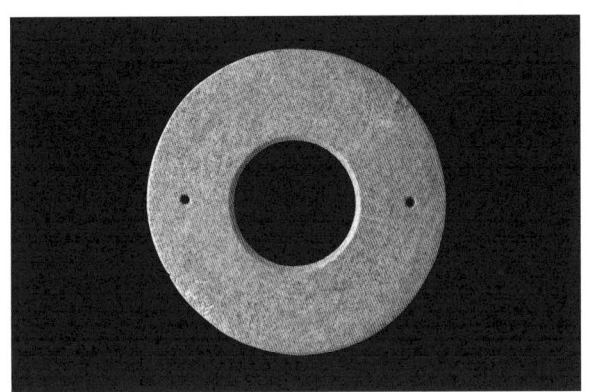

2

图三九 B型环形石饰
1. M2：76 2. M2：87

1

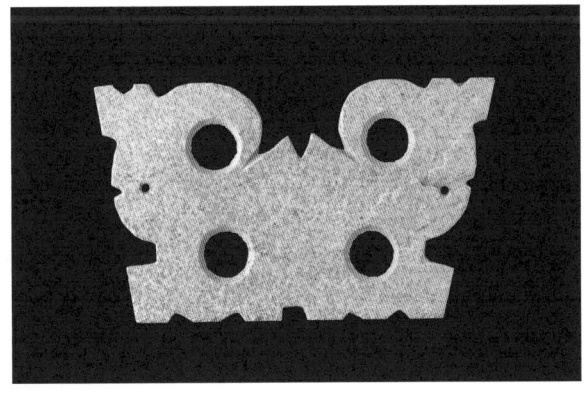

2

图四〇 A型兽形石饰
1. M2：124 2. M2：125

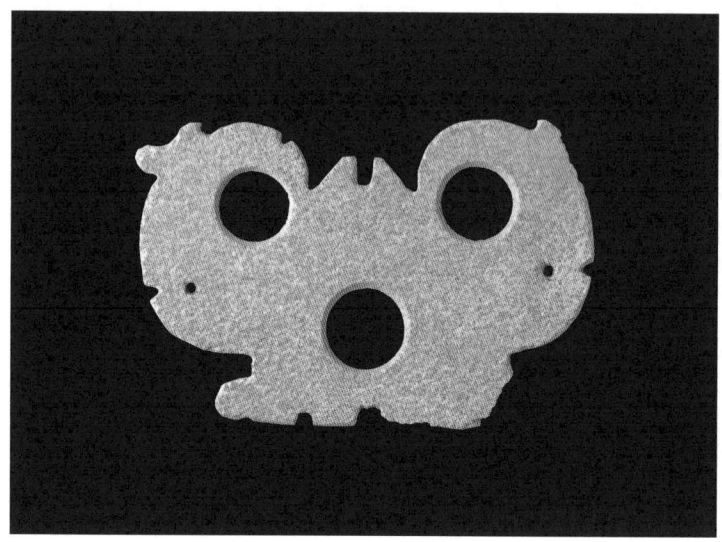

图四一　B型兽形石饰（M2∶134）　　　　　图四二　长条形石饰（M2∶166）

就出土60余件，其中包括四鼎、二豆、二壶、二敦、一匜和一盘共12件铜礼器。这表明该墓葬的级别较高，墓主人可能属于燕国的地方贵族。

涿鹿故城遗址M2的发掘不仅为燕文化研究提供了一批重要的资料，而且很多随葬器物上都有丰富的纹饰，尤其铜壶和双联陶壶，这些装饰可以帮助我们进一步了解战国燕文化的艺术风格。另外，该墓铜容器中还出土了一些食物，例如鼎内放置鱼和羊骨，敦中放置面食，这些也为燕文化丧葬习俗的深入研究提供了重要参考。

涿鹿故城遗址范围内目前栽种的多为深耕作物和果树，对地层堆积的破坏比较严重。可能受此影响，考古勘探工作在城中并没有发现明确的建筑基址和房址。但城中曾发现有战国时期水井和灰坑等生活遗迹，地层和遗迹中也曾出土有大量瓮、罐、盆、钵、甑等生活用陶器残片。这些证据表明，该城址在战国时期曾有一定数量的居民居住。以此为前提，城内出现高等级墓葬的情况就略显特殊。我认为这种现象产生的原因有两种可能，一是城内墓葬出现时，居住已经不是该城址的主要功能，二是该城址中本就包括墓葬区和居住区等不同的功能分区。具体情况有待今后的考古工作加以了解。

注　释

［1］程长新：《北京市通县中赵甫出土的一组战国青铜器》，《考古》1985年第8期，第694-703页。

［2］顾铁山、郭景斌：《河北省迁西县大黑汀战国墓》，《文物》1996年第3期，第4-17页。

［3］朱凤瀚：《中国青铜器综论》，上海古籍出版社，2009年，第1984页。

［4］陈光：《东周燕文化分期论》，《北京文博》1998年第4期，第5-31页。

［5］郭宝钧：《山彪镇和琉璃阁》，科学出版社，1959年，图版91、93、103。

［6］井中伟：《早期中国青铜戈·戟研究》，科学出版社，2011年，图1-60。

［7］中国社会科学院考古研究所：《中国考古学（两周卷）》，中国社会科学出版社，2004年，第340页。

河北省涿鹿县罗盘地遗址调查和试掘简报[*]

罗盘地遗址位于河北省张家口市涿鹿县卧佛寺乡太平堡村西约1.5公里的罗盘山上，地理坐标为北纬40°08.0889′，东经115°21.2167′（图一），当地人称此地为罗盘地。遗址坐落于土山的顶部台地上，台地整体呈椭圆形，地势较为平坦，上面种植杏树苗，海拔约1 080米，东西长约80米，南北长约70米，面积约5 600平方米（图二、图三）。2016年7月，涿鹿县文物局和吉林大学边疆考古研究中心对涿鹿故城周边遗址进行调查时发现该遗址，并对其进行了试掘，现将此次调查和试掘情况进行介绍。

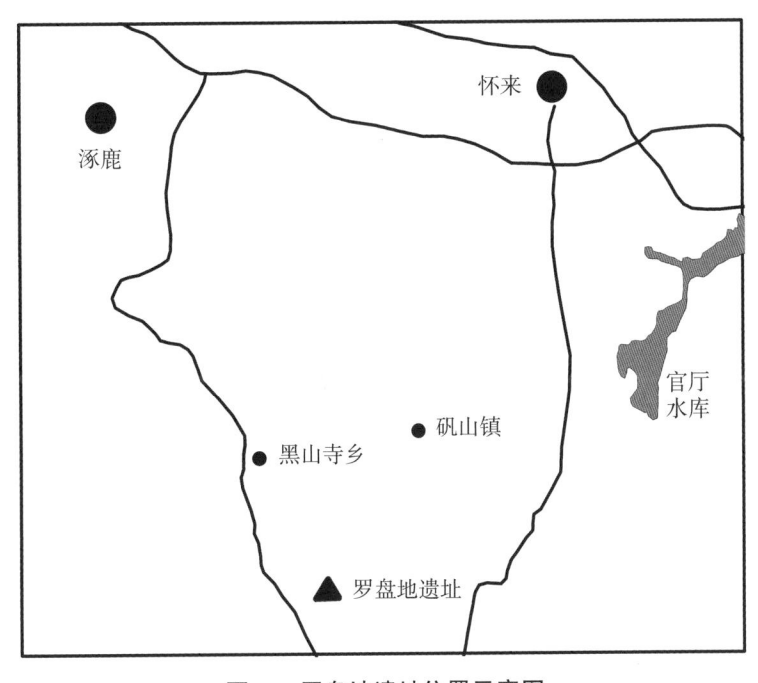

图一　罗盘地遗址位置示意图

---

[*] 原载《边疆考古研究》第23辑，科学出版社，2018年。

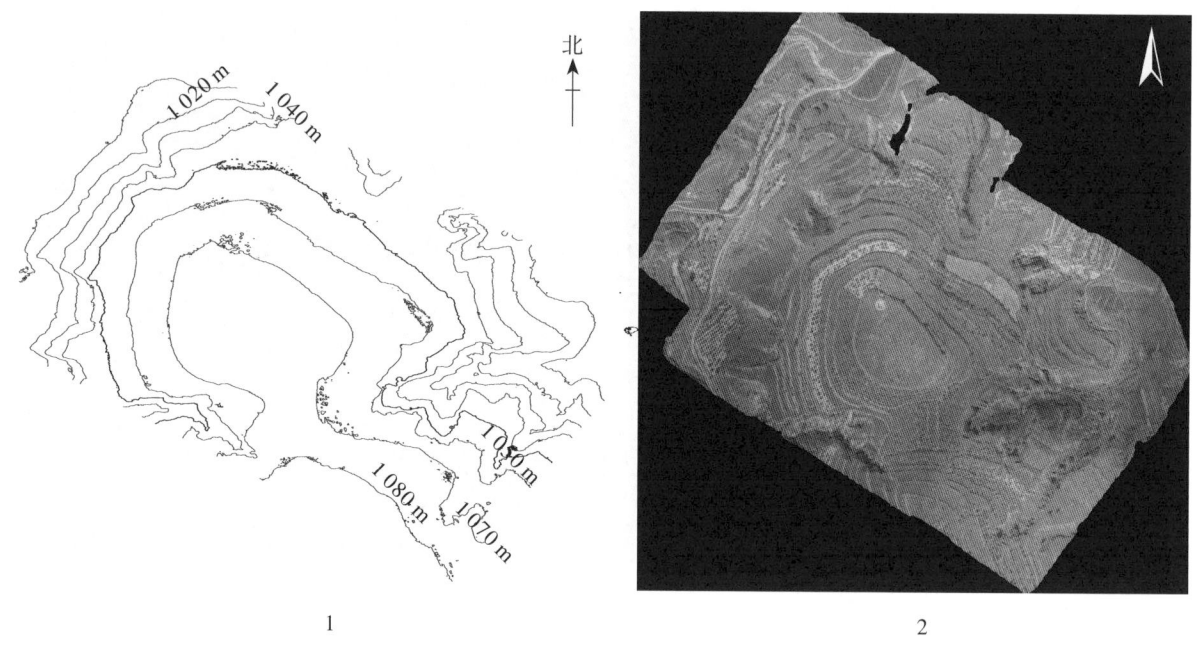

图二　罗盘地遗址等高线图和航拍正视图

1. 等高线图　2. 航拍正视图

图三　罗盘地遗址地表情况（由西向东）

一、地层堆积

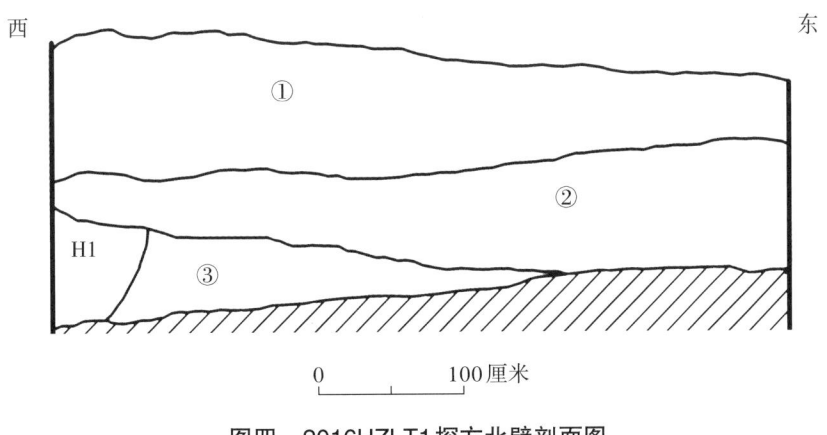

试掘布5米×5米探方1个，编号为2016HZLT1，面积25平方米。文化层的厚度约1.5米，下面以2016HZLT1的北壁为例说明（图四）。

图四　2016HZLT1探方北壁剖面图

第①层：耕土层。褐色，土质松软，厚25-50厘米。包含物有陶片、石器、骨器、蚌器、铁器和羊、猪、鹿、狗等动物骨骼。

第②层：浅褐土层。土质疏松，柔软，厚10-50厘米。包含物有陶片、铜器、石器和猪、牛、狗等动物骨骼。

第③层：浅灰土层。土质较硬，厚0-30厘米。包含物有陶片、蚌器、陶器、石器、骨器和牛、羊、猪等动物骨骼。

二、遗迹

此次试掘发现遗迹数量较少，仅发现灰坑三个，均开口于第②层下（图五）。

H1 不规则形。开口于第②层下，打破第③层。坑体亦为不规则形，坑口长174、深56厘米。填深灰色土，夹杂极少量浅褐色土，土质细腻坚硬。出土有大量陶片，其中以泥质灰陶数量最多，还出土铁刀3件、纺轮1件、铁锥2件、陶饼1件、骨锥1件和铁片1件。

H2 近椭圆形，开口于第②层下，打破第③层。斜壁圜底，壁面规整。坑口长径152、深46厘米。填土浅灰色，土质松软。出土陶片以泥质灰陶为主，夹砂灰陶次之，少量夹砂、夹蚌红陶，夹蚌灰陶和泥质红陶最少（图六）。

H3 不规则形。开口于第②层下，打破第③层。坑体亦为不规则形。坑口长148、深59厘米。填灰褐色土，土质较松软。出土陶片以泥质灰陶最多，夹砂灰陶、红陶次之，夹蚌红陶最少。

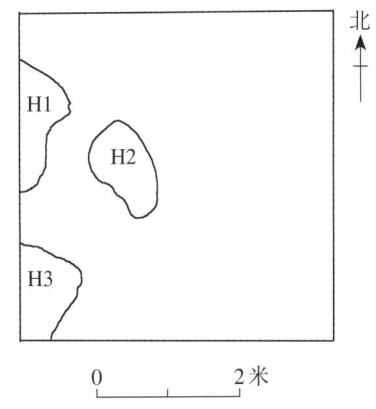

图五　2016HZLT1遗迹分布图

图六　H2平、剖面图

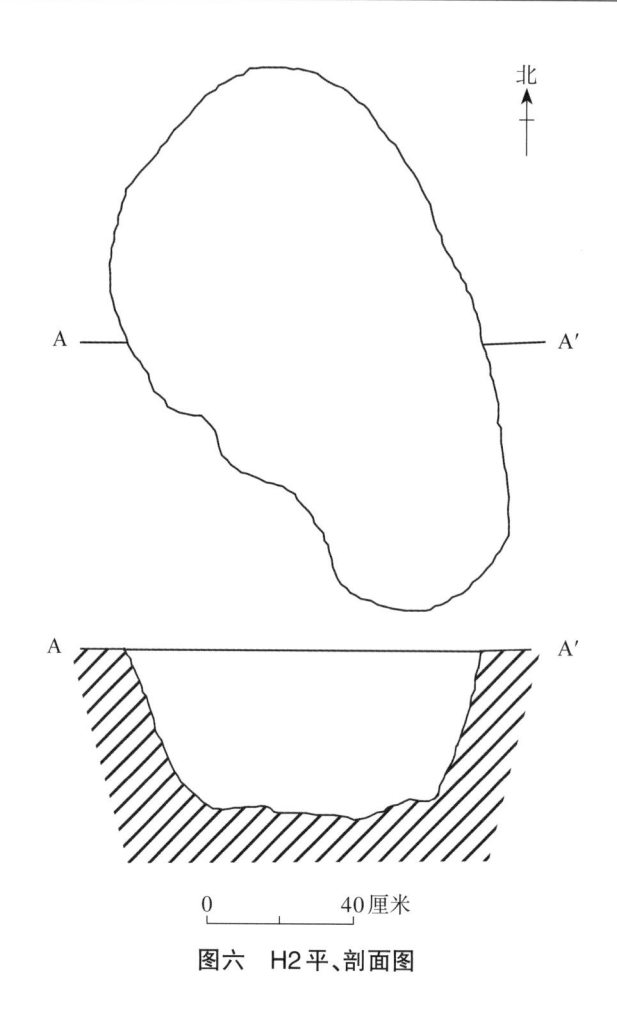

还出土铁镰1件、铁镞1件、铁锥1件和陶饼1件。

三、遗物

调查和试掘的遗物较为丰富，以陶器为主，铁器和石器次之，此外还出土少量的蚌器、铜器和骨器等。

（一）陶器

此次调查和试掘共采集陶片1 480片，按质地可以分为泥质灰陶、夹砂灰陶、夹蚌灰陶、泥质红陶、夹砂红陶、夹蚌红陶六种。其中泥质灰陶最多，约占60.5%；夹砂灰陶次之，约占28.1%；夹蚌灰陶较少，约占0.3%；泥质红陶和夹砂、夹蚌红陶的数量都不多，分别约占0.4%、6.3%和4.4%。纹饰中绳纹约占43.9%，素面约占41.9%，弦断绳纹约占10.7%，弦纹约占2.4%。此外，还有少量戳印纹、附加堆纹、刻划纹等。

未出土可复原陶容器，陶片中可辨器形主要有陶豆、陶釜、陶盆和陶罐，其中以陶豆数量最多。

陶豆 均残，分为豆柄和豆盘。标本T1②:5，豆盘，泥质灰陶，直口，折腹，方唇，腹部有弦纹。口径18、残高5.5厘米（图七，5）。标本T1①:16，豆盘，泥质黑陶，直口，折腹，圆唇，素面，口沿下方约1.5厘米处有一周凸起，折腹下有一周凹陷。口径16、残高5.3厘米（图七，6）。标本H1:11，豆柄残件，泥质黑陶。柄径3.1、残高7厘米（图七，7）。标本T1③:8，豆柄残件，泥质黑陶，豆柄中部有三周凸起弦纹。柄径3.2、残高6.7厘米（图七，8）。

陶釜 均为夹砂粗红陶，陶质粗糙，掺杂有大量砂粒。标本T1②:4，口沿较宽，外折上翘，器身饰粗直绳纹。口径36、残高17.5厘米（图七，1）。

陶罐 均为泥质灰陶，轮制。标本T1②:6，口沿外翻，仅残存口沿和颈部，方唇，素面。口径18、残高4.8厘米（图七，2）。

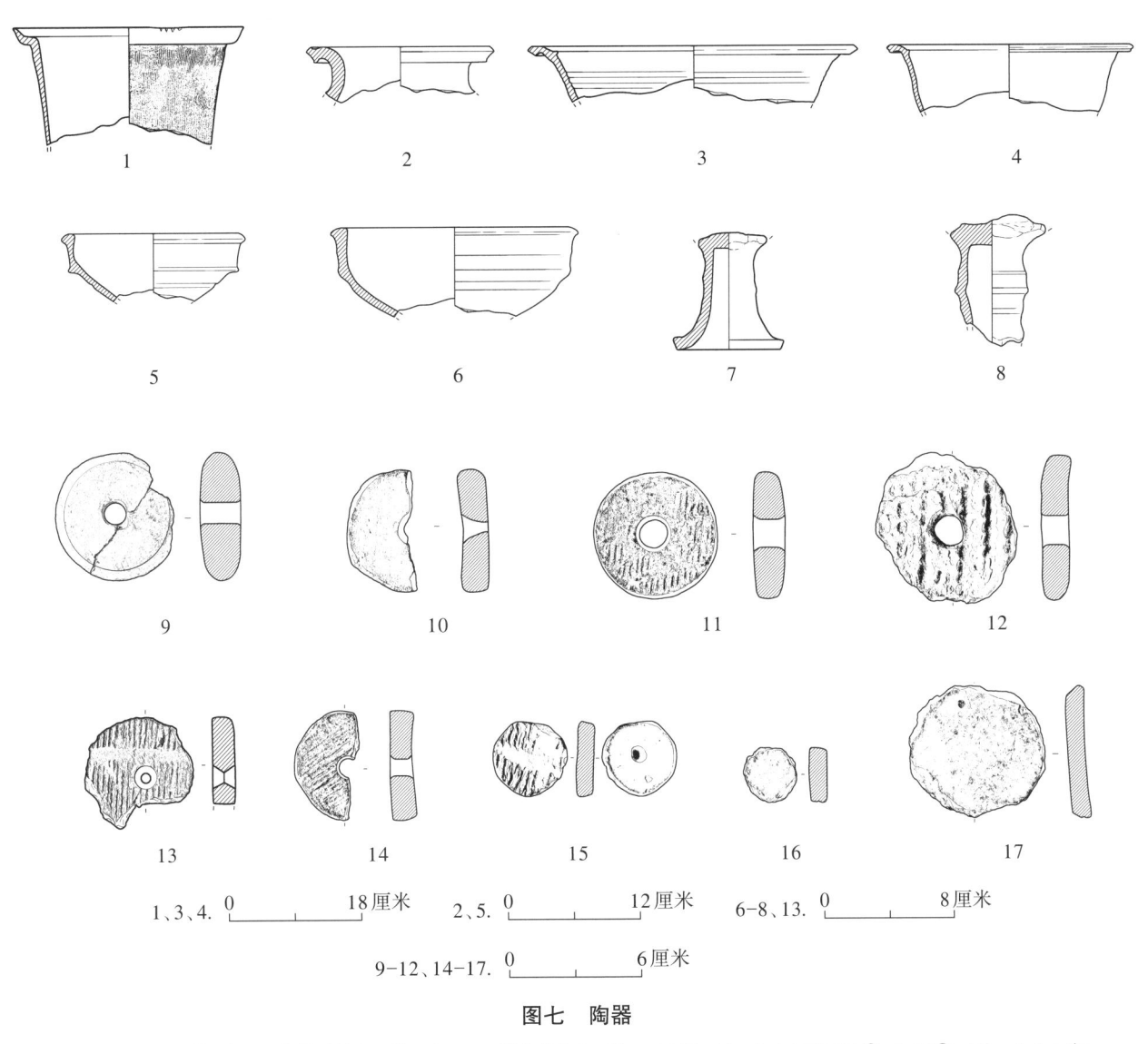

图七 陶器

1.陶釜残片（T1②:4） 2.陶罐残片（T1②:6） 3、4.陶盆残片（T1②:7、T1②:8） 5、6.豆盘（T1②:5、T1①:16） 7、8.豆柄（H1:11、T1③:8） 9-15.陶纺轮（H1:2、T1③:4、H1:4、T1①:4、T1③:6、H1:6、H3:4） 16、17.陶饼（T1①:14、H1:5）

陶盆 均为泥质灰陶,轮制,仅残留口沿。T1②:7,折沿,方唇,沿下饰多道弦纹。口径54、残高9厘米(图七,3)。T1②:8,折沿,方唇,器身为素面。口径45、残高12厘米(图七,4)。

陶纺轮 7件。H1:2,夹砂红胎黑陶,素面,单面钻,残断,可拼合。外径5.2、内径1厘米(图七,9)。T1③:4,夹砂红陶,素面,单面钻孔。外径5、内径1.1厘米(图七,10)。H1:4,夹蚌灰陶,表面饰绳纹,双面对钻。外径5.3、内径1.3厘米(图七,11)。H1:6,泥质灰陶,表面饰绳纹,对钻。外径4.4、内径0.8厘米(图七,14)。T1①:4,夹蚌红陶,一面饰粗绳纹,对钻。外径6.5、内径1.3厘米(图七,12)。T1③:6。夹砂灰陶,表面饰弦断绳纹,双面对钻。外径7、内径0.7厘米(图七,13)。H3:4,泥质灰陶,正面饰弦断绳纹,中间穿孔未钻透。外径2.2、内径0.2厘米(图七,15)。

陶饼 2件。均为泥质灰陶、素面。H1:5,平面呈不规则圆形,厚薄不均。直径5.9、最厚处1.1、最薄处0.5厘米(图七,17)。T1①:14,平面近圆形。直径2.1厘米(图七,16)。

刻字陶片 1件。T1②:4,残,泥质灰陶,素面,近底部有刻字。上有"事"字,下面是重纹符号"="。长15、高8厘米(图八)。

图八 刻字陶片(T1②:4)

(二)铜器

共2件。T1②:1,铜环首刀,刀柄为环首,刀身较短,平面呈三角形,柄部横截面呈方形。通长11.7、环径3.2×2.4厘米(图九,1)。T1②:3,可能为刀币,仅残存一截柄部,平面近长方形。残长2.35、宽1.5厘米(图九,2)。

(三)铁器

共10件,种类包括铁刀、铁锥、铁镰、铁镞、铁钉以及铁片等。

铁刀 共3件,按刀身有无穿孔可分为两型。

A型 刀身有穿孔,2件。H1:9,弯月形,平背弧刃,中部有两个圆形穿孔,穿孔两侧各有一个小凸起。长12.4、最宽处5、孔径0.8厘米（图九，3）。T1①：13，残，刃部锈蚀严重，一侧的圆形穿孔已残，穿孔两侧各有一个小钮。残长8.1、最宽处5.6、厚0.4厘米（图九，4）。

B型　刀身无穿孔，1件。H1：1，近长方形，弧背，平刃。长12.7、宽1.2、厚0.3厘米（图九，5）。

铁镰　1件。H3：2，长条形，表面锈蚀严重。残长16.2、宽3.9、厚1.3厘米（图九，6）。

铁斧　1件。H1：3，残成三段，整体呈圆角梯形，刃部较宽。高18.6、厚0.2~0.6厘米（图九，7）。

铁镞　1件。H3：1，锈蚀严重，仅残存箭头部分。残长6.5、宽2.5厘米（图九，8）。

铁锥　共4件，可分为两型。

A型　器身短粗近圆柱形，共1件。H3：3，近圆柱形，已锈蚀，两端有圆球形凸起。长6厘米（图九，9）。

B型　器身细长，共3件。H1：7，横截面呈椭圆形，柄部粗，向尖部逐渐变细。长12厘米（图九，10）。H1：10，长9.5厘米（图九，11）。T1①：12，长8.8厘米（图九，12）。

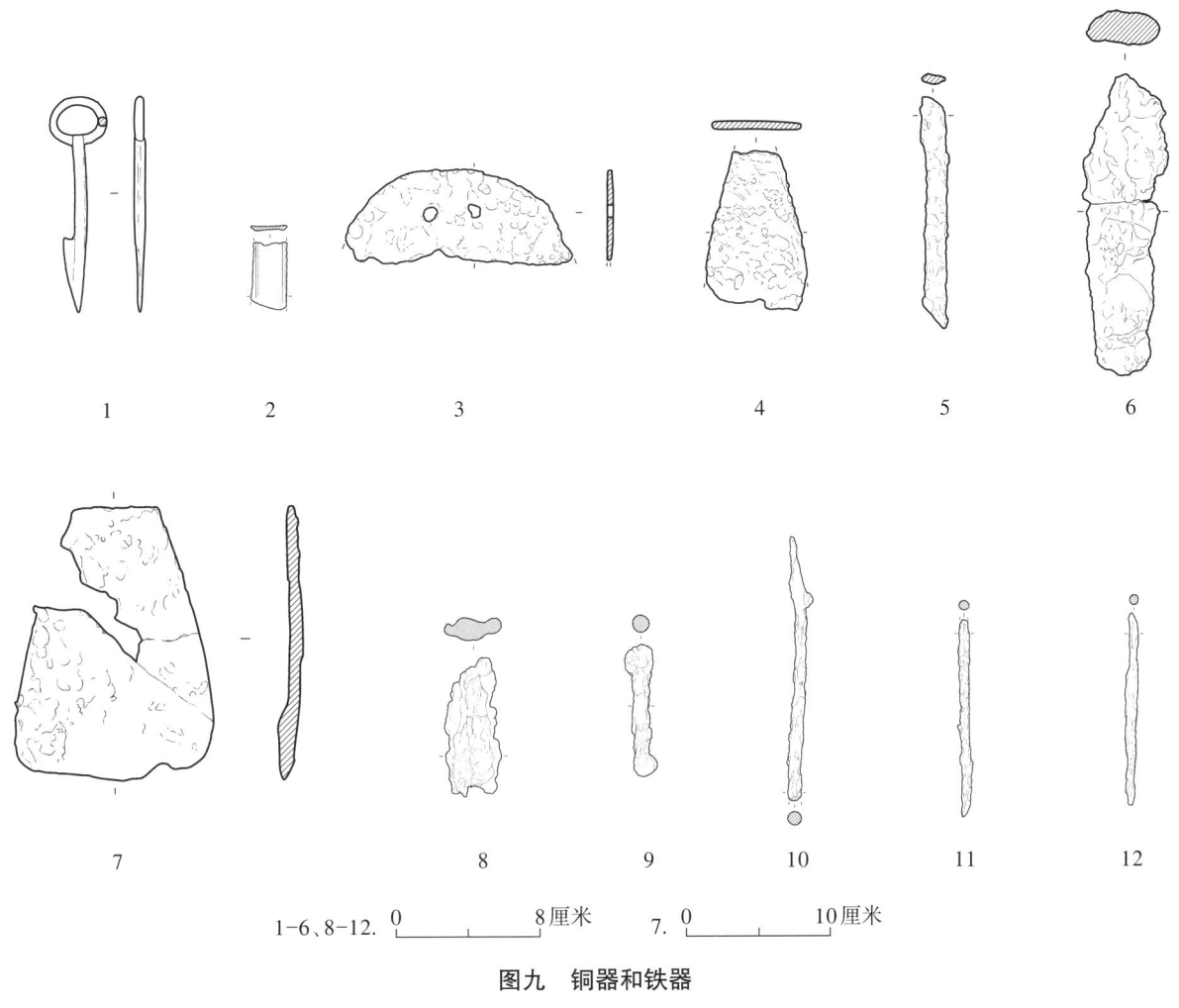

图九　铜器和铁器

1. 铜环首刀（T1②：1）　2. 铜刀币残件（T1②：3）　3-5. 铁刀（H1：9、T1①：13、H1：1）　6. 铁镰（H3：2）　7. 铁斧（H1：3）
8. 铁镞（H3：1）　9-12. 铁锥（H3：3、H1：7、H1：10、T1①：12）

（四）石器

共出土12件，其中探方中出土10件，遗址中出土2件。主要以石斧为主，此外还包括石刀和其他石器原料等。

石斧 共7件，均残缺不全。C:1，通体磨光，棒形，弧顶，横截面呈椭圆形，断为两截。长8.3、宽4.3厘米（图一〇，1）。T1①:2，体扁平，通体磨光。残长6.2、宽6厘米（图一〇，2）。C:2，残，扁平状，弧刃。长9、残宽4.5厘米（图一〇，3）。T1①:6，通体磨光，两端均残，横截面呈椭圆形。残长4.5、宽6.5厘米（图一〇，4）。T1①:1，残，通体磨光，一端有刃。残长7.8、宽6.5厘米（图一〇，5）。T1①:15，残，弧刃。残长5.2、宽6厘米（图一〇，6）。T1③:3，双面弧刃，中部起脊，一侧较薄。长6.5、宽4.8厘米（图一〇，7）。

石刀 2件，1件有穿孔，另1件无穿孔。T1①:11，整体扁平，磨光，上下皆磨出弧边，中部穿孔已残，单面钻孔。残长8.3、宽4.5厘米（图一〇，8）。T1②:2，残存的部分呈长方形，通体磨光，上下皆磨出弧边。长5.1、宽3.3厘米（图一〇，9）。

石器原料 1件。T1①:10，近圆柱形，两端平整，一端较粗，另一端较细，表面有打磨痕迹。长5.2、直径分别为1.4、1.1厘米（图一〇，10）。

石器残件 2件。T1①:3，残，整体呈半球形，表面有明显加工痕迹，用途不明，直径3.8厘米（图一〇，11）。T1①:8，石器残件，类似圆角三棱柱形，有明显加工痕迹，用途不明。残长3.8、宽2.2、高1.2厘米（图一〇，12）。

（五）骨器

数量较少，仅发现骨锥和骨镞两种。

骨锥 均残，共2件。T1①:5，整体呈圆柱形，两端均残。残长3.4厘米（图一〇，13）。H1:8，柄部截面呈椭圆形。残长4.8厘米（图一〇，14）。

骨镞 1件。T1③:5，整体近三棱形，略残，三条边均向内弧，横截面呈三角形。镞尖锋利。长3.1、截面宽1厘米（图一〇，15）。

（六）蚌器

主要以蚌刀和蚌片为主，其中蚌刀5件，由蚌壳制成，均残损，一般为弧刃，背部往往有锯齿。

蚌刀 共5件。T1③:7，单面刃，背部有锯齿，刃部与锯齿中部有两个圆形穿孔，其中一个已残。刃部长6.4、宽4.5厘米（图一〇，16）。T1①:7，一边有打磨痕迹，一侧有残的穿孔。残长3.4、残宽2.5厘米（图一〇，20）。T1③:1，刀背有圆形穿孔，已残，刃部残长6.8、宽3.2厘米（图一〇，17）。T1①:9，已残，刃部有锯齿。残长3.5、宽1.2厘米（图一〇，19）。T1③:2，残余部分整体近梯形，有明显加工痕迹。残长4.3厘米（图一〇，18）。

图一〇 石器、骨器和蚌器

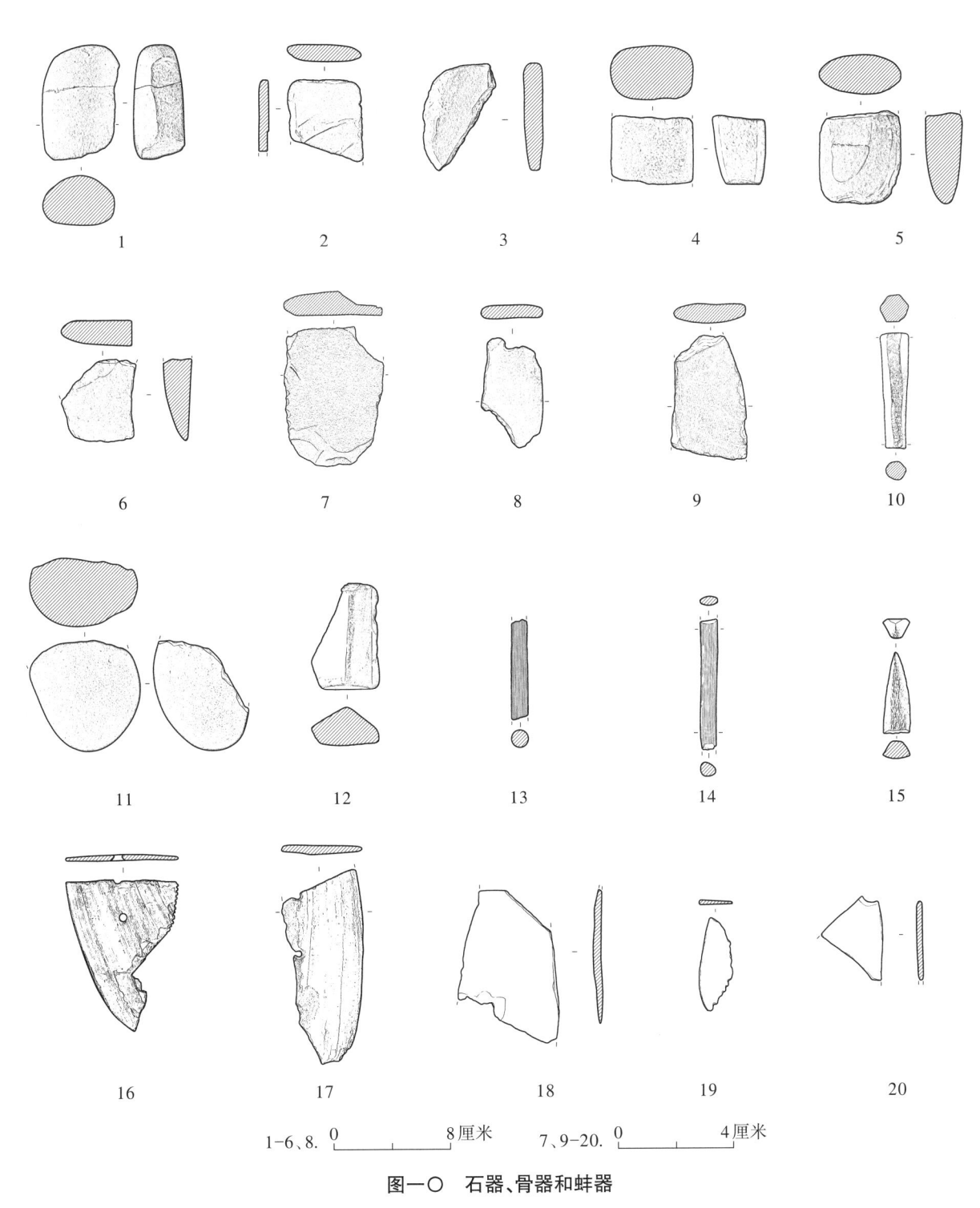

1-7. 石斧（C：1、T1①：2、C：2、T1①：6、T1①：1、T1①：15、T1③：3） 8、9. 石刀（T1①：11、T1②：2）
10. 石器原料（T1①：10） 11、12. 石器残件（T1①：3、T1①：8） 13、14. 骨锥（T1①：5、H1：8）
15. 骨镞（T1③：5） 16-20. 蚌刀（T1③：7、T1③：1、T1③：2、T1①：9、T1①：7）

四、结语

　　罗盘地遗址地处山丘的顶部台地上，山丘的坡度较大，易守难攻，这说明当时人群选择该遗址可能考虑到了一定的防御性。此次试掘虽然面积少，但出土器物较多，表明该遗址文化堆积非常丰富。由于试掘的探方位于遗址边缘，因此并未发现建筑遗迹。但从出土的陶器种类看，大都属于燕文化典型的器物。其中陶釜、陶罐和陶盆的形制与燕下都13号遗址T4和T5第5层出土的同类器形制基本一致[1]，根据陈光先生的研究，该类遗存年代在战国早期左右[2]。另外在此次试掘过程中还出土1件完整的环首铜刀（图九，1），该件铜刀形制较为特殊，但在内蒙古和林格尔县小双古城墓地也出土过1件相同形制的环首刀，年代在春秋晚期到战国早期[3]。因此，我们推测罗盘地遗址主要年代可能在战国早期前后，属于较为典型的燕文化遗存。

　　值得注意的是，罗盘地遗址与和林格尔新店子墓地相隔甚远，而且新店子墓地代表了一批早期游牧人群，两地为何会出土形制相似的环首铜刀则是需要以后进一步研究的问题。

　　罗盘地遗址是我们调查新发现的燕文化遗址，虽然试掘面积较小，但出土物丰富。此次调查和试掘，为研究燕文化遗址提供了一批宝贵的资料，同时对于研究东周燕文化的分布和扩张也提供了一定的参考。

注　释

[1] 河北省文物考古研究所：《河北易县燕下都第13号遗址第一次发掘》，《考古》1987年第5期，第414-428页，图六，19、20；图一二，3。

[2] 陈光：《东周燕文化分期论》，《北京文博》1997年第4期、1998年第1、2期。

[3] 内蒙古文物考古研究所：《内蒙古和林格尔县新店子墓地发掘简报》，《考古》2009年第3期，第10页，图九，6。

河北省涿鹿县旧石器遗存调查发现与初步研究

一、涿鹿县的地理概况

涿鹿县隶属于河北省张家口市，位于河北省西北部永定河上游地区，北京市西北部。地处北纬39°40′-40°39′、东经114°55′-115°31′之间，涿鹿—怀来盆地西部。北与张家口市下花园区交界，西北隔黄羊山与宣化县相望，西南与蔚县毗邻，东南与北京市门头沟区和保定市涞水县接壤，东北与怀来县相邻。

全县南北长90公里，东西宽43公里，面积2 802平方公里。东距北京市中心136公里，西距煤都大同市214公里，北距张家口市67公里。涿鹿与北京相接，距北京市区136公里，辖1区13镇4乡，交通方便，是河北省13个环北京县区之一，是环北京一小时圈内重要的经济区，经济基础完善，高新科技发展迅速。

二、涿鹿县的自然环境

涿鹿县地处坝上草原的南缘，为冀西北地区诸多山间盆地之一，境内海拔高低相差悬殊，地形复杂，形成了垂直和水平分异的特点（图一）。涿鹿县总体地势南北低、中间高。以桑干河南岸的五堡、保岱村为界，北部为河川区，中部为丘陵区，太平堡以南为山区。平均海拔高度在500-1 200米之间，最高点小五台山海拔2 882米，最低点桑干河、洋河交汇处海拔460米。

总体看来，涿鹿县轮廓南北狭长、东西略窄，北、中、南、西均为高山，山间地势较为开阔，全境被分为三个相对独立的山间盆地。北部为桑干河沿岸地区，地势开阔，面积广阔，为涿鹿盆地的主区域，向东与怀来盆地相通，桑干河自西向东横穿盆地，在东部注入怀来盆地；中部矾山、黑山寺乡一带，北、西、南三面环山，向东开阔，面向怀来盆地（官厅水库），与怀来盆地连为一体；西南大堡镇一带，西、北、东三面环山，西南开口，面向蔚县盆地，大西沟（河流）自北部发育，向南流出，折向西汇入壶流河的支流——定安河，为定安河的源头，在大的区域上可以归为蔚县盆地；南部为山区。

北部的涿鹿盆地，中部矾山、黑龙寺区域与怀来盆地连为一体，西南大堡一带与蔚县盆地连为一体，这三部分通过桑干河及其支流连为一体，在广义上共同构成了泥河湾盆地（广义的泥河湾盆地包括阳原盆地、蔚县盆地、怀来盆地、涿鹿盆地、大同盆地）。

图一 涿鹿县卫星影像图

三、旧石器调查背景

涿鹿西与阳原盆地相接,西南与蔚县盆地相连,向东与怀来盆地融为一体,桑干河及其支流贯穿其中,连为一体,共同构成了一个大的自然地理单元——泥河湾盆地。泥河湾盆地在阳原、蔚县发现了大量的旧石器时代早期至晚期各个阶段的文化遗物,近些年来在怀来盆地开展的调查也发现了一些旧石器时代人类活动的线索。由此推测,地处中间地带的涿鹿地区也应该是古人类活动的重要区域,但由于以往工作的局限,很少或未开展相关的调查工作,发现较少。为研究古人类在泥河湾盆地和周围地区的迁徙、扩散及其在各个地区、各个阶段的活动内容,开展旧石器时代专题调查势在必行。

本次调查主要集中在涿鹿县的中部、西南部以及北部的部分地区,具体行政区域包括中部的矾山镇、黑山寺镇、卧佛寺镇,西南部的大堡镇以及北部的辉耀乡。

四、旧石器地点概述

本次调查共发现旧石器时代遗址19处，其中中部的矾山、黑山寺、卧佛寺一带4处、大堡一带15处，采集旧石器时代中期至晚期石制品、动物化石近百件，掌握了该区域中西部地区古人类活动的基本资料。

1. 狼窝遗址

狼窝遗址位于黑山寺镇狼窝村东北约2公里处（图二），一条南北向冲沟东侧，其北距老沙河（东西向）约300米，西距县道457约500米。地理坐标：北纬40°12′11″，东经115°20′20″，海拔958米（测点位于遗址底部，精度10米）。

冲沟发育较深，自南端向北长数公里，沟壁陡直，发现遗物处剖面高约5.4米，主体为黄土，顶部为现代耕土层，黄土下部含石制品（图三）。地层剖面自上而下为：

第①层：表土，厚0.2米。

第②层：黄土，浅黄色粉砂，垂直节理发育，厚5.2米，未见底，下部发现石制品。

发现石制品2件，包括石片1件（图四）、断块1件，皆为火成岩。石片，台面、背面皆为人工打制，背面有多个石片疤痕，破裂面较凸，台面较小，打击点较小、集中，半锥体明显，放射线清晰。

依地层判断时代为旧石器时代晚期。

图二　狼窝遗址远景

图三 狼窝遗址地层里的石制品

图四 狼窝遗址发现的石片

2. 矾山遗址

矾山遗址位于矾山镇矾山村南约200米处，通往好蚌口公路西侧15米处的一处断崖上，矾山中学西南约100米处，地理坐标：北纬40°13′16″，东经115°25′32″，海拔695米。

遗址所在地为一处黄土台地，东部因取土而形成高约7.5米的断崖，在下部的浅黄色粉砂中发现石制品及鸵鸟蛋皮化石。地层自上而下可划分为五层，其中第⑤层含石制品、鸵鸟蛋皮化石。地层自上而下为：

第①层：表土，为现代耕土层，厚0.15~0.5米。

第②层：黄褐色粉砂，土质较软，厚2.7米，为辽金文化层。

第③层：灰黄色粉砂，土质较软，含陶片、瓷片，厚1.3米，为辽金文化层。

第④层：黄褐色粉砂，土质较软，含陶片、炭粒、动物骨骼，厚1.5米，为辽金文化层。

第⑤层：黄土，为浅黄色粉砂，厚1.5米，未见底，含石制品、鸵鸟蛋皮等。

文化遗物包括断片1件、鸵鸟蛋皮碎块1件。

依地层初步判断时代为旧石器时代晚期。

3. 山兑遗址

山兑遗址位于矾山镇山兑村东约700米处，一条南北向冲沟北端东侧的台地上，北15米为黄帝城小镇。地理坐标：北纬40°15′12″，东经115°24′42″，海拔714米（遗址底部测点，精度12米）。

该冲沟比较开阔，剖面越向南越高，遗址所在地剖面总高约4.5米，皆为黄土状堆积，依颜色及结构自上而下可划为两层，其中第②层中部含石制品（图五）。地层自上而下为：

第①层：表土，厚约0.3米。

第②层：黄土，厚约4.2米，未见底，中部含石制品。

图五　山兑遗址地层里的石制品

石制品共1件（图六），为六型石片，呈羽状，台面、背面皆为人工打制，背面有多个石片疤痕，一条纵向脊，破裂面微凸，打击泡凸出，打击点集中，远端外撇。

依地层及文化遗物判断时代为旧石器时代晚期。

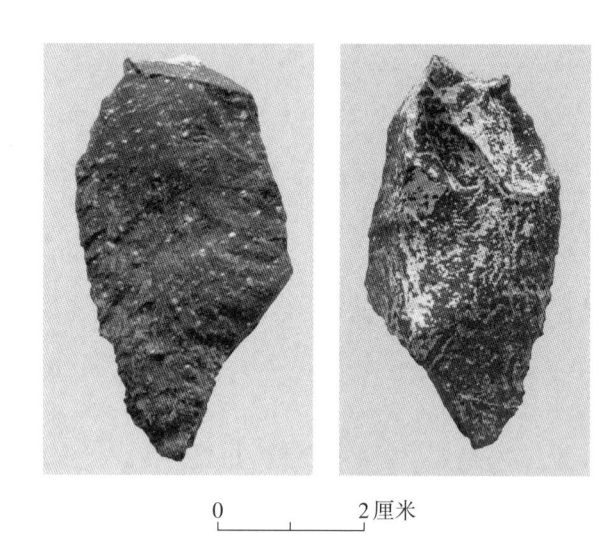

图六 山兑遗址发现的石片

4. 吉庆堡遗址

吉庆堡遗址位于黑山寺乡吉庆堡村东约700米处，一条东西向大冲沟的北侧，西距县道457约200米，东距张涿高速约150米。地理坐标：北纬40°11′23″，东经115°18′27″，海拔920米（遗址底部测点）。

遗址所在剖面总高度约13米，自上而下可划分为四层，石制品出自第④层上部。地层自上而下为：

第①层：表土，灰褐色砂土，厚约0.85米。

第②层：黄土，垂直节理发育，厚约3.2米。

第③层：砂砾石层，最大砾石直径约0.2米，磨圆度较高，厚约0.3米。

第④层：黄褐色粉砂，垂直节理发育，含石制品，厚约8.5米，未见底。

文化遗物为石核1件，个体较大，沿周边剥片，周围布满石片疤，两端保留砾石面，少量石片疤痕清晰。

依据地层推断遗址的时代为旧石器时代晚期。

5. 马圈遗址

马圈遗址位于大堡镇（图七）马圈村西800米处，马圈村与台子洼两村中间冲沟（大西沟）南北向向东西向转弯的西北坡，南距109国道约1 000米。地理坐标：北纬40°05′31″，东经115°04′52″，海拔1 145米。

南河为壶流河的支流定安河的源头，为季节性河流，遗址地处南河右岸，河岸局部呈缓坡，总厚度达25米，自上而下可划分为八层，第⑤层发现石制品。地层自上而下为：

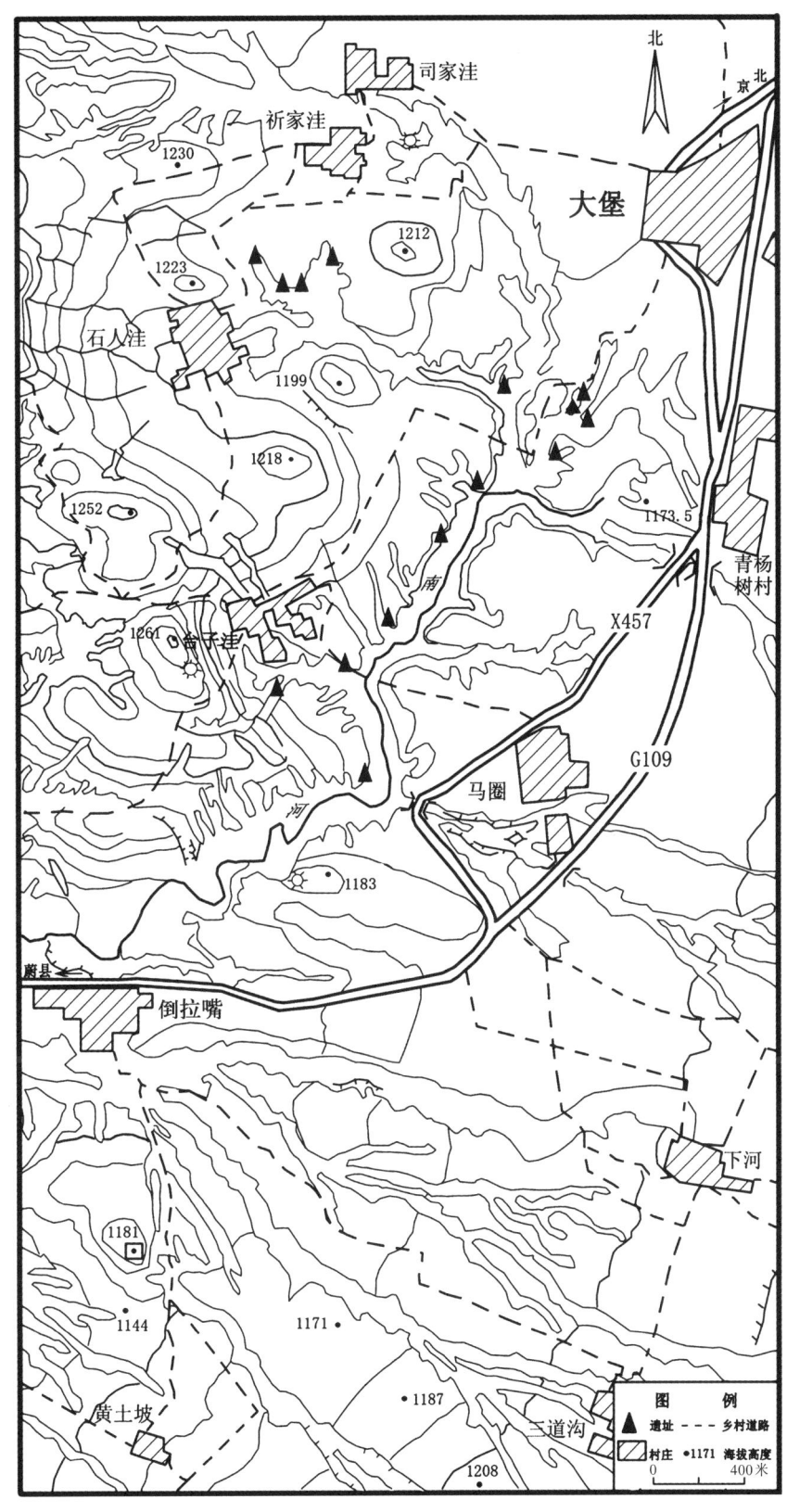

图七　大堡镇一带旧石器时代遗址分布图

第①层：表土层，厚约0.5米。
第②层：灰色粉砂，为黄土，垂直节理发育，厚约7.5米。
第③层：灰褐色黄土，垂直节理发育，厚约2.5米。
第④层：灰褐色砂质黏土，水平层理发育，厚约1米。
第⑤层：棕色砂质黏土，水平层理发育，含石制品，厚约1米。
第⑥层：黄色砂质黏土，水平层理发育，厚约7米，含动物化石。
第⑦层：白色砂质黏土层，厚约0.5米。
第⑧层：灰黄色黏土，可见约5米，未见底。

遗址文化遗物比较丰富，采集8件，包括石核、石片、断块等（图八），原料以火成岩为主。
遗址位于三级阶地的中部，时代为旧石器时代晚期或稍早。

图八　马圈遗址发现的石制品

6. 台子洼遗址

台子洼遗址位于大堡镇台子洼村东约300米处，台子洼村北一条东西向冲沟北侧，向南面向大西河。遗址东南距旧109国道约1 000米，距新109国道约1 300米。地理坐标：北纬40°05′53″，东经115°04′52″，海拔1 154米（遗址顶部测点）。

冲沟北壁较为陡直，厚约5.8米，自上而下可划分为七层，在第⑦层发现有石制品、动物化石。地层自上而下为：

第①层：灰褐色砂土，为现代耕土层，厚0.3米。

第②层：浅黄色砂质黏土（黄土），厚0.7米。

第③层：浅灰色砂质黏土，呈水平状层理，厚1米。

第④层：浅黄色砂质黏土（黄土），厚2.5米。

第⑤层：棕褐色砂质黏土，厚1.6米。

第⑥层：灰褐色砂质黏土，厚0.2米。

第⑦层：黄绿色砂质黏土，厚0.5米，未见底，顶部含石制品、动物化石。

文化遗物为石制品和动物化石。石制品为一小型石片，可能为剥片崩落的小片，石片特征明显。动物化石较小，难辨种属，石化程度较深。

文化遗物位于第三级阶地的下部，时代为旧石器时代中期。

7. 台子洼南遗址

台子洼南遗址位于大堡镇台子洼村南约100米处，村南一条南北向冲沟南段西侧剖面的底部，沟口冲向水库。地理坐标：北纬40°05′45″，东经115°04′36″，海拔1160米（遗址顶部测点）。

遗址所在冲沟比较狭窄，但侵蚀较深，发现文化遗物的剖面高约14米，自上而下可划分为五层，第④层发现石制品及动物化石。地层自上而下为：

第①层：表土，厚约0.4米。

第②层：黄土，垂直节理发育，厚约9.4米。

第③层：灰褐色砂质黏土，厚约1.7米。

第④层：灰黄色砂质黏土，含大量钙板、角砾碎块等，含石制品、动物化石，厚约0.9米。

第⑤层：基岩，厚约1.6米，未见底。

文化遗物包括石制品和动物化石。石制品1件，为石核（图九），原料为火成岩，呈不规则块状，周身布满石片疤痕，石片疤痕特点清晰。动物化石风化严重，石化程度较深。

文化遗物埋藏于第三级阶地的底部，位于基岩之上，其时代较早，初步推测为旧石器时代中期，也不排除旧石器时代早期的可能。

图九　台子洼南遗址发现的石核

8. 台子洼东南遗址

台子洼东南遗址位于大堡镇台子洼村东南约200米处，大西沟西侧支沟北岸的台地处，遗址西距水库大坝约100米，遗址正西山顶上有一烽火台。地理坐标：北纬40°05′48″，东经115°04′49″，海拔1 144米（测点位于遗址顶部，精度4米）。

台地南侧为一断崖，总高度为4.3米，自上而下可划分为六层，第⑤层发现石制品，第⑥层发现动物化石。地层自上而下为：

第①层：表土，厚约0.2米。

第②层：黄灰色砂质黏土，厚约2.7米。

第③层：黄褐色砂质黏土，厚约0.3米。

第④层：灰褐色砂质黏土，厚约0.4米。

第⑤层：灰绿色砂质黏土，含石制品，厚约0.3米。

第⑥层：灰白色砂质黏土，含动物化石，厚约0.4米，未见底。

文化遗物为石制品、动物化石。动物化石多件，破碎严重，难辨种属。石制品1件，为刮削器，原料为石英岩，原型为断块，在一端加工出一凸弧刃。

石制品出自第三级阶地下部，依据地层推测其时代为旧石器时代中期。

9. 南河洼遗址

南河洼遗址位于大堡镇青杨树村西约1 000米处，大西沟西侧台地上，东距长征沟口约50米。地理坐标：北纬40°06′16″，东经115°05′16″，海拔1 159米（遗址顶部测点）。

遗址所在台地两面临沟，仅保存一道梁，剖面高约5.4米，地层可以分为五层，第④层发现石制品。地层自上而下为：

第①层：表土，为现代耕土层，厚约0.4米。

第②层：灰黄色砂质黏土，厚约2.3米。

第③层：灰褐色砂质黏土，呈颗粒状，厚约1米。

第④层：黄褐色砂质黏土，呈颗粒状，含石制品，厚约0.5米。

第⑤层：灰褐色砂质黏土，垂直节理发育，厚约1.2米，未见底。

文化遗物为石制品，共发现1件，为石片，原料为石英岩，保存完整，自然台面，人工背面。

文化遗物出自第三级阶地的中下部，时代为旧石器时代中期。

10. 南河遗址

南河遗址位于大堡镇台子洼村东北约500米处，南河（又称大西沟）西侧的台地，向东直接冲向南河，遗址东距109国道1 000余米。地理坐标：北纬40°06′09″，东经115°05′08″，海拔1 158米（遗址顶部测点）。

遗址东坡冲向南河，下部坍塌严重，顶部出露约4米，自上而下可划分为六层，第②、⑤层发现石制品、动物化石。地层自上而下为：

第①层：表土，厚约0.25米。

第②层：灰黄色砂质黏土，含石制品，厚约0.7米。

第③层：灰绿色砂质黏土，厚约0.6米。

第④层：灰黄色砂质黏土，呈颗粒状，厚约0.9米。

第⑤层：灰褐色砂质黏土，呈颗粒状，含石制品、动物化石，厚约0.7米。

第⑥层：浅灰褐色砂质黏土，厚约0.7米，未见底。

文化遗物为石制品和动物化石。第②层发现石制品1件，未采集。第⑤层发现石制品4件（图一〇）、动物化石1件，石制品包括石片2件、断块2件，原料为火成岩和石英岩。

上文化层时代为旧石器时代晚期，下文化层位于第三级阶地下部，时代为旧石器时代中期。

图一〇　南河遗址发现的石制品

11. 西河遗址

西河遗址位于大堡乡大堡村西 700 米处，大西河与其西侧支沟交汇处的西北侧台地，向东为大西沟主沟，南为大西沟一支沟，直达石人洼村东北。地理坐标：北纬 40°06′25″，东经 115°05′18″，海拔 1 146 米（遗址底部东 5 米处测点）。

遗址所在台地南侧剖面较高，高度约 12 米，自上而下可划分为六层，第⑥层含石制品。地层自上而下为：

第①层：表土，深灰色砂土，厚 0.3 米。

第②层：黄色粉砂，为黄土，垂直节理发育，厚 5.6 米。

第③层：深灰色砂质黏土，厚 1.8 米。

第④层：灰褐色砂质黏土，夹锈黄色条带与黑色黏土团块，厚 1.3 米。

第⑤层：灰绿色黏土，含软体动物化石，厚 1.2 米。

第⑥层：灰褐色砂质黏土，含石制品，厚 0.8 米，未见底。

文化遗物为石制品，采集 1 件，为石核，原料为石英岩，两个石片疤痕，打击点清晰，石片疤较大。

依据地层推测，该遗址的时代为旧石器时代中期。

12. 长征沟 1 号地点

长征沟 1 号地点位于大堡镇青杨树村西北约 500 米处，长征沟与向东支沟交汇处东北侧的台地上，西南面向长征沟。地理坐标：北纬 40°06′22″，东经 115°05′31″，海拔 1 148 米。

遗址所在台地的西南端呈缓坡断崖，高约 9.7 米，自上而下可划分为五层，其中第③层发现石制品。地层自上而下依次为：

第①层：表土，厚约 0.5 米。

第②层：锈黄色砂质黏土，垂直节理发育，厚约 6.7 米。

第③层：灰绿色砂质黏土，含石制品、动物化石，厚约 0.6 米。

第④层：黄褐色砂质黏土，厚约 1.2 米。

第⑤层：黑褐色砂质黏土，呈水平层理，厚约0.7米，未见底。

文化遗物为石制品，发现1件，为石片，原料为硅质灰岩，自然台面，背面为节理面。

文化遗物出自第三级阶地的中上部，时代为旧石器时代中期或稍晚。

13. 长征沟2号地点

长征沟2号地点位于大堡镇青杨树村西北约500米处，长征沟西侧，与1号地点隔沟相望，东南距长征沟1号地点约100米。地理坐标：北纬40°06′27″，东经115°05′32″，海拔1156米（测点位于遗址底部）。

遗址所在台地向东面向长征沟，出露剖面高约6.6米，自上而下可划分为五层，其中第③层发现石制品，与1号地点层位较为接近。地层自上而下为：

第①层：表土，厚约0.5米。

第②层：黄色砂质黏土，垂直节理发育，厚约2.5米。

第③层：灰黄色砂质黏土，中部含石制品，厚约2.2米。

第④层：灰褐色砂质黏土，厚约0.8米。

第⑤层：棕褐色砂质黏土，呈颗粒状、水平层理，厚约0.6米，未见底。

石制品共2件，包括石核1件、断块1件，原料为火成岩、硅质灰岩。石核个体较大，不规则状，多个石片疤痕，保留大部分石皮。

依据地层推测，该遗址的时代为旧石器时代中期或稍晚，与1号地点较为接近。

14. 长征沟3号地点

长征沟3号地点位于大堡镇青杨树村西北约500米处，长征沟东侧，北距长征沟1号地点约200米，地理坐标：北纬40°06′17″，东经115°05′26″，海拔1151米。

遗址所在台地西南面向长征沟，剖面出露约5.2米，自上而下可划分为六层，其中第④层发现石制品，层位与1号地点较为接近。地层自上而下依次为：

第①层：表土，厚约0.5米。

第②层：黄土，垂直节理发育，厚约1.1米。

第③层：锈黄色砂质黏土，厚约1.6米。

第④层：黄褐色砂质黏土，含石制品，厚约0.7米。

第⑤层：灰白色砂质黏土，厚约0.3米。

第⑥层：灰黄色砂质黏土，厚约1米，未见底。

文化遗物为石制品，共发现3件，包括断块2件、石片1件，原料皆为火成岩。石片个体较小，可能为剥片过程中崩落的碎片。

依据地层推测，其时代为旧石器时代中期或者稍晚。

15. 长征沟4号地点

长征沟4号地点位于大堡镇青杨树村西北约500米处，长征沟西岸，1号地点正对面，地理坐标：北纬40°06′23″，东经115°05′30″，海拔1157米（测点位于遗址底部，精度9米）。

遗址所在台地东侧断壁高约7.1米，自上而下可划分为五层，其中第④层发现石制品，层位稍低于1号地点。地层自上而下依次为：

第①层：表土，厚约0.5米。

第②层：黄色砂质黏土，垂直节理发育，厚约3米。

第③层：灰黄色砂质黏土，厚约2.2米。

第④层：灰褐色砂质黏土，顶部含石制品，厚约0.8米。

第⑤层：棕褐色砂质黏土，呈颗粒状，水平层理，厚约0.6米，未见底。

文化遗物为石制品，发现2件，1件为石核，另1件为石片。石核，原料为硅质灰岩，不规则块状，一个剥片面，多个石片疤痕。

依据地层推测，其时代为旧石器时代中期或者稍晚。

16. 石人洼1号地点

石人洼1号地点位于大堡镇石人洼村东约500米处，一南北向冲沟的东侧，向东临一条支沟。地理坐标：北纬40°06′43″，东经115°04′42″，海拔1 189米（测点位于文化层处）。

遗址所在台地西侧冲沟侵蚀较深，西侧断壁出露剖面高约14米，自上而下可划分为九层，第⑧层发现石制品、动物化石。地层自上而下依次为：

第①层：表土，厚0.3米。

第②层：黄色粉砂，垂直节理发育，为黄土，厚2.4米。

第③层：浅灰褐色砂质黏土，厚1米。

第④层：黑褐色砂质黏土，厚1.4米。

第⑤层：灰褐色砂质黏土，厚1.9米。

第⑥层：黄土，垂直节理，厚3.4米。

第⑦层：灰黄色砂质黏土，含砾石，厚1.6米。

第⑧层：灰白色砂质黏土，含石制品、动物化石，厚0.9米。

第⑨层：灰黄色砂质黏土，厚1.1米，未见底。

文化遗物主要为石制品，共2件，包括石核1件、石片1件（图一一），原料皆为火成岩。石核为不规则形，遍体疤痕，多个石片疤痕。石片为六型石片，台面、背面皆为人工打制，特点明显。

依据地层推测，该遗址的时代为旧石器时代中期或者稍晚。

17. 石人洼2号地点

石人洼2号地点位于大堡镇石人洼村东北约500米处，村东北东西向冲沟的北部坡上。地理坐标：北纬40°06′40″，东经15°04′39″，海拔1 174米。

遗址所在冲沟侵蚀较深，发现文化遗物的剖面高约25米，自上而下可划分为十层，其中第⑤层发现石制品、动物化石。地层自上而下为：

图一一　石人洼1号地点发现的石片

第①层：表土，为现代耕土层，厚0.4米。

第②层：黄褐色砂质土，厚2.4米。

第③层：黑褐色砂质土，厚1.8米。

第④层：黄土，垂直节理发育，厚7米。

第⑤层：灰白色砂质黏土，含石制品、动物化石，厚0.8米。

第⑥层：黄土，垂直节理发育，厚7.8米。

第⑦层：红褐色黏土，水平层理发育，厚0.4米。

第⑧层：红褐色黏土，垂直节理发育，厚1.9米。

第⑨层：黑褐色砂质土，厚1.1米。

第⑩层：灰白色砂质黏土，厚1.4米，未见底。

文化遗物有石制品、动物化石，比较丰富。采集石制品4件，原料为火成岩、石英岩，类型有石片3件、断块1件。

依地层及所在部位判断，该遗址的文化遗物出自第三级阶地的上部，时代为旧石器时代晚期或稍早。

18. 石人洼3号地点

石人洼3号地点位于大堡镇石人洼村东约250米处，近南北向冲沟西端的东侧台地，西距乡村水泥路约200米。地理坐标：北纬40°06′41″，东经115°04′36″，海拔1 188米（测点位于遗址顶部，精度4米）。

遗址所在台地西南冲沟较深，出露剖面高约18米，自上而下可划分为六层，其中第③层下部发现石制品。地层自上而下为：

第①层：表土，厚0.4米。

第②层：黄褐色砂质黏土，厚3.7米。

第③层：黄土，垂直节理发育，下部含石制品，厚7.6米。

第④层：黄褐色砂质黏土，厚5.4米。

第⑤层：灰黄色砂质黏土，厚0.6米。

第⑥层：灰褐色砂质黏土，厚1米，未见底。

文化遗物为石制品，共2件，皆为断块，原料为石英岩，可见人工打击痕迹，为剥片过程中崩落的碎块。

依地层及所在部位判断，该遗址的文化遗物出自第三级阶地的上部，时代为旧石器时代晚期或稍早。

19. 石人洼4号地点

石人洼4号地点位于大堡镇石人洼村东北约200米处，一南北向冲沟底部。地理坐标：北纬40°06′45″，东经115°04′31″，海拔1 190米。

遗址所在地剖面高约14.3米，自上而下可划分为三层，第③层中部含石制品，为文化层。地层自上而下依次为：

第①层：表土，厚0.2米。

第②层：灰褐色砂土，厚2.1米。

第③层：黄土，中部含石制品，厚12米。

石制品1件，为断块，原料为火成岩，可见人工打击痕迹，为剥片过程中崩落的碎块。

依地层及所在部位判断，该遗址的文化遗物出自第三级阶地的上部，时代为旧石器时代晚期。

五、讨论与结语

本次调查共发现19处地点，采集石制品、动物化石近百件，石制品的原料以火成岩为主，另有少量的石英岩、硅质灰岩，燧石质制品数量很少，与邻近的蔚县区域旧石器时代文化特征较为一致；采用锤击法剥片，无细石器技术的产品，体现出小石器工业技术的特点；矾山及周围地区的石制品多埋藏在黄土的上部，大堡一带的石制品多埋藏在河流的第三级阶地中，少量埋藏在第二级阶地中，根据该区域的河流演变及阶地演变过程推测：其地质时代为晚更新世，旧石器时代中晚期，不排除有些遗址的时代有更早的可能。

目前，涿鹿县旧石器考古研究的基础还比较薄弱，在一定程度上影响了该地区旧石器考古的发展——无论是在研究旧石器文化的区域发展、文化交流还是在研究新旧石器时代过渡等方面。涿鹿县境内缺少旧石器时代早期遗址以及延续时间长的旧石器遗址，使得一些旧石器考古综合性研究或专题研究难以开展。以旧石器遗址的年代学研究为例，由于部分遗址或地点的石制品均出自第三级阶地的黄色亚黏土层内，缺少动物化石，无法进行古生物上的断代，而第二级阶地也被近现代人类利用，堆积破坏较为严重。因而，地层年代难以确定或者断代依据可信度存在问题，导致遗址研究缺乏可信性。

此次旧石器遗存的新发现表明，该区域在晚更新世人类活动频繁，这些遗存不仅是研究旧石器时代晚期文化的重要资料，还将旧石器时代晚期和新石器时代早期连接起来。上述遗址或地点出土的石制品等遗物对于研究华北地区旧石器时代晚期以来人类生活的环境背景、旧石器文化内涵、旧石器文化之间的关系以及旧石器时代向新石器时代的过渡具有重要学术意义。同时，也为恢复古人类的生存环境，探讨人类与环境的互动关系、人类在特定环境下的行为特点和适应方式，提供了丰富的资料。随着该区域旧石器考古调查和研究工作的深入，我们期待着能有更大的突破，使得华北地区的旧石器时代考古工作向着更深的层次发展。

本次调查初步探明了涿鹿中部、西南部的古人类活动状况，采集了相当数量的古人类文化遗物，这些发现表明该区域自晚更新世以来就一直有古人类活动，是古人类活动的重要区域；该区域的石器文化面貌较西侧相邻的阳原、蔚县一带的石器技术体现出相似的特点，它们之间应有密切的关系，同属古人类活动的一个大的区域。

河北省涿鹿县煤沟梁遗址出土一批新石器时代陶、石器

煤沟梁遗址位于河北省涿鹿县矾山镇塔儿寺村东南600米（图一），煤窑沟北侧一东北—西南向山梁的梁头处，地理坐标为北纬40°04.6566′、东经115°29.9277′，海拔高度为1 380米。2005年，塔儿寺村一村民放羊时，在煤沟梁南侧坡地上发现了被大雨冲出来的一批陶器和石器，后来上交到镇政府，被涿鹿县文物部门所征集[1]。现将这批器物介绍如下。

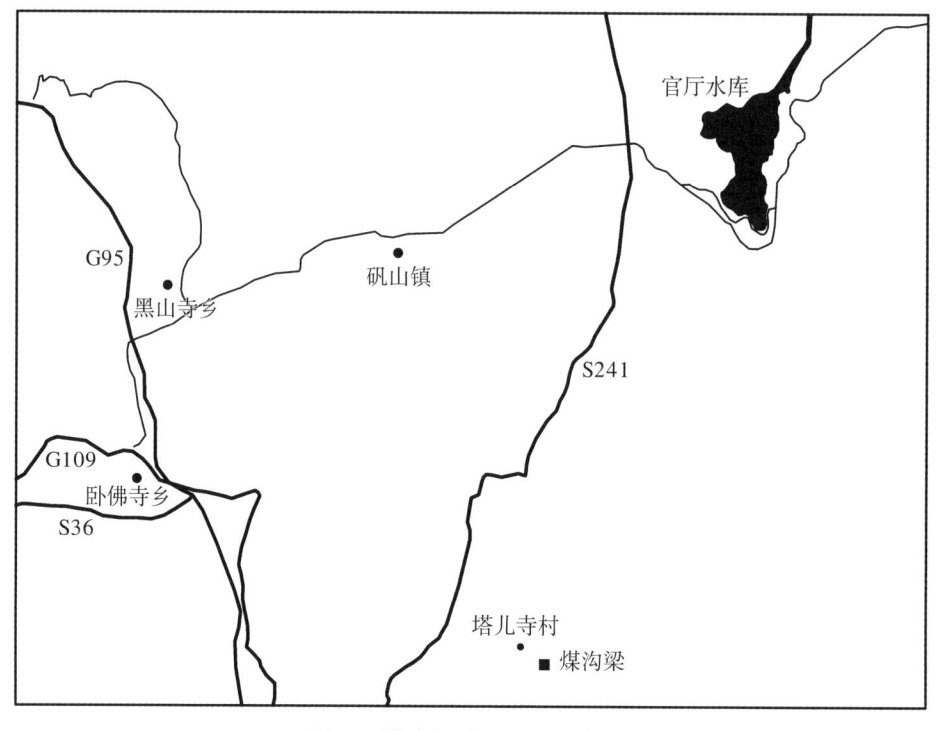

图一 煤沟梁遗址位置示意图

一、陶器

共8件，种类较丰富，有双耳鼓腹陶罐、双耳筒形陶罐、直领錾耳陶罐、陶盆、陶壶和陶豆等。

双耳鼓腹陶罐 2件。2005MGL：1，矮领双横耳陶罐，夹砂红陶，直口，矮领，球腹，腹部

图二 煤沟梁遗址出土陶器

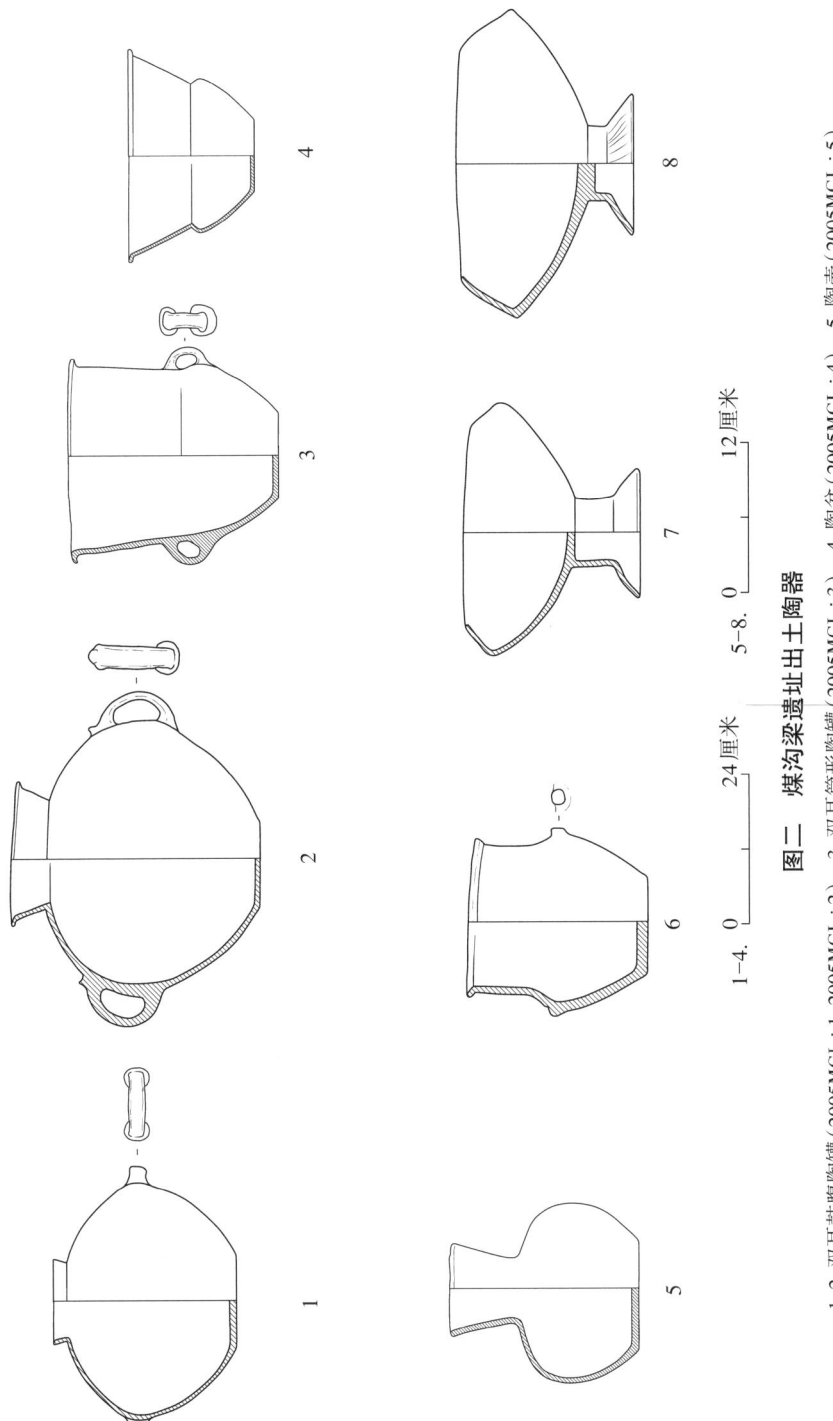

1、2.双耳鼓腹陶罐（2005MGL：1、2005MGL：2） 3.双耳筒形陶罐（2005MGL：3） 4.陶盆（2005MGL：4） 5.陶壶（2005MGL：5） 6.直领錾耳陶罐（2005MGL：6） 7.陶豆（2005MGL：7、2005MGL：8）

附双横耳，平底，素面，下腹部有烧黑痕迹。口径13.5、底径15、高30厘米（图二，1；图三）；2005MGL：2，高领双竖耳陶罐，夹砂红陶，微侈口，尖圆唇，高领，球腹，腹中部附对称竖耳，平底，素面，下腹部有烧黑痕迹。口径23.1、底径13.8、高41.2厘米（图二，2；图四）。

双耳筒形陶罐 1件。2005MGL：3，夹砂红陶，口沿外翻，上腹深且平直，下腹浅且内收，上下腹相接处附有竖耳，素面。口径31.6、底径13.5、高33.6厘米（图二，3；图五）。

直领錾耳陶罐 1件。2005MGL：6，夹砂灰陶，口沿外翻，上腹平直，下腹外鼓，下腹上部附对称錾耳，上下腹相接处折棱明显，平底，素面，有烧黑痕迹。口径12.6、底径7.8、高15厘米（图二，6；图六）。

图三　双耳鼓腹陶罐（2005MGL：1）

图四　双耳鼓腹陶罐（2005MGL：2）

图五　双耳筒形陶罐（2005MGL：3）

图六　直领錾耳陶罐（2005MGL：6）

陶盆 1件。2005MGL：4，夹砂灰陶，敞口，口沿外翻，尖圆唇，上腹内收，下腹外鼓，上下腹相接处折棱明显，平底，素面，器身外有烧黑痕迹。口径34、底径11.5、高20.5厘米（图二，4；图七）。

陶壶 1件。2005MGL：5，夹砂红陶，直口，折肩，球腹，平底，素面。口径7.4、底径8.8、高15.6厘米（图二，5；图八）。

陶豆 2件。2005MGL：7，夹砂灰陶，敛口，圆唇，圆鼓腹，柄短且粗，喇叭状圈足，素面。口径16.2、足径9.9、高14.5厘米（图二，7；图九）。2005MGL：8，夹砂灰陶，敛口，圆唇，鼓腹，高柄，喇叭状圈足，素面。口径18.3、足径11.1、高14.4厘米（图二，8；图一〇）。

图七　陶盆（2005MGL：4）

图八　陶壶（2005MGL：5）

图九　陶豆（2005MGL：7）

图一〇　陶豆（2005MGL：8）

二、石器

石器主要包括石刀和石凿两种。

石刀 2件。标本2005MGL:9,青色,石质细腻,通体磨光,月牙形刃,刃部锋利,浅V形背,近背处中部有两圆形穿孔。长13.5、宽4.2厘米(图一一,1;图一二)。

石凿 4件。形制相似,燧石制成,通体磨光。标本2005MGL:11,一端磨制成双面刃,刃部锋利,长9.6、厚1.2厘米(图一一,2;图一三)。

煤沟梁遗址发现的这批陶器和石器虽然数量不多,但特征较为明显,均为实用器。双耳鼓腹罐见于小河沿遗址F4[2]、雪山遗址H17[3],与出土陶盆、陶豆形制相似的器物也见于姜家梁墓地[4]。从陶器的形制和组合看,应属于一种新石器时代晚期的文化遗存,有人称为雪山一期

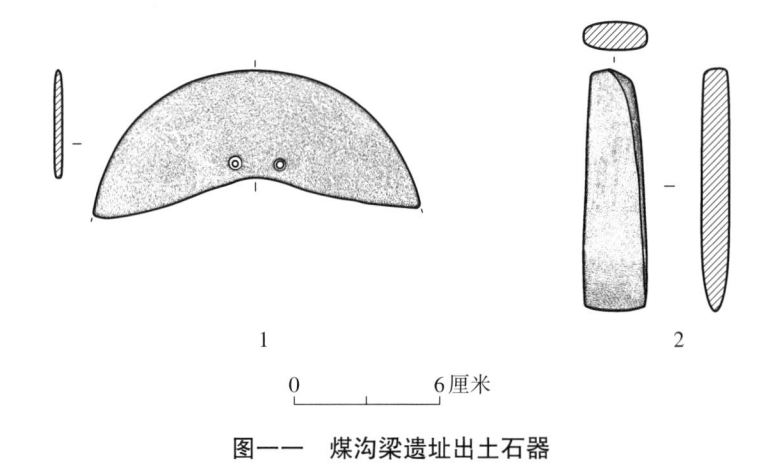

图一一　煤沟梁遗址出土石器
1. 石刀(2005MGL:9)　2. 石凿(2005MGL:11)

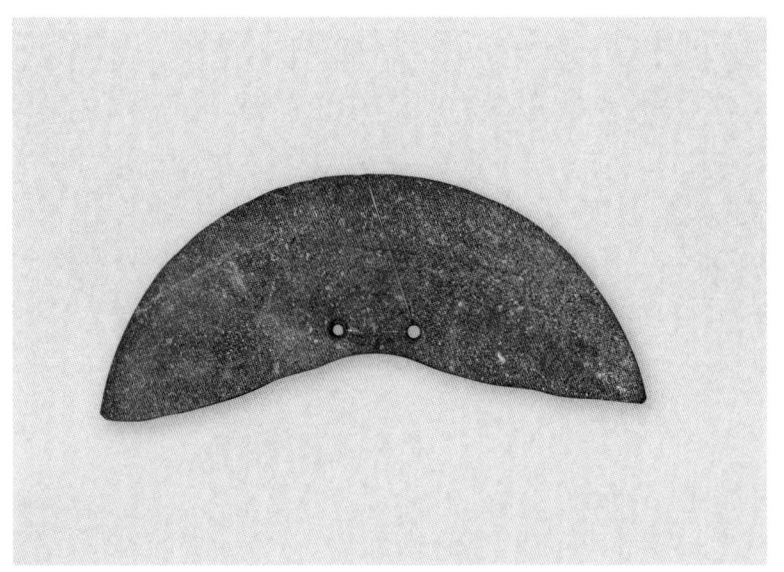

图一二　石刀(2005MGL:9)

图一三　石凿(2005MGL:11)

文化[5]，也有人称为小河沿文化[6]，虽然命名上存在着争议，但二者均指同一类遗存。这类文化遗存的年代，有学者认为至少在庙子沟或半坡四期文化（公元前3500-前3000年）这个阶段已经存在和发展[7]，也有学者根据已有的碳十四数据对其年代进行了推测，年代在公元前3600-前2900年[8]或公元前3640-前2667年[9]。据此，煤沟梁遗址出土这批器物的年代也应在这一范围之内。

在这批器物被征集之后，涿鹿文物部门曾派人对出土地点进行了调查和清理。2016年吉林大学边疆考古研究中心师生和涿鹿县文物局工作人员也对该遗址进行了复查和试掘，遗憾的是均未发现同时期的遗址和地层。因此我们推测这批遗物很可能属于当时一种临时的埋藏，至于埋藏的原因尚不清楚。虽然在煤沟梁附近未能发现相关的遗址，但这批器物的出土不仅丰富了冀北地区新石器时代的文化内涵，同时也为张家口地区新石器时代晚期文化的深入调查和研究提供了重要的线索。

注　释

[1] 这些器物目前分别藏于涿鹿县三祖文化博物馆和张家口市博物馆。

[2] 辽宁省博物馆等：《辽宁敖汉旗小河沿三种原始文化的发现》，《文物》1977年第12期。

[3] 韩建业：《论雪山一期文化》，《华夏考古》2003年第4期，图六，9。

[4] 河北省文物研究所：《河北阳原县姜家梁新石器时代遗址的发掘》，《考古》2001年第2期，图二〇，10、15、16。

[5] 韩建业：《论雪山一期文化》，《华夏考古》2003年4期。

[6] 索秀芬、李少兵：《小河沿文化类型》，《边疆考古研究》第6辑，科学出版社，2007年，第88-102页。

[7] 赵宾福：《关于小河沿文化的几点认识》，《文物》2005年第7期。

[8] 韩建业：《论雪山一期文化》，《先秦考古研究：文化谱系与文化交流》，文物出版社，2013年，第137-150页。

[9] 索秀芬、李少兵：《小河沿文化的年代和源流》，《边疆考古研究》第7辑，科学出版社，2008年，第57-63页。

河北省涿鹿县陈家坟疙瘩遗址与倒拉嘴遗址的调查

2016年7月,吉林大学考古队对涿鹿县陈家坟疙瘩遗址与倒拉嘴遗址进行了重点踏查,现将调查结果简报如下。

一、陈家坟疙瘩遗址

遗址位于涿鹿县卧佛寺乡太平堡村东北1 500米(图一-图四),当地人称陈家坟疙瘩的一低山顶部,坐标为北纬40°08.8961′、东经115°22.5872′。海拔高度为988米。遗址南临沙河,东、西临沟,所处地势东北高、西南低。遗址平面为不规则圆形,南北长100米,东西宽75米,分布面积约6 000平方米。遗址上已种植大量的杏树,破坏严重。此次调查采集的陶片共164片(图五),有泥质灰陶、夹砂灰陶、夹蚌灰陶、夹蚌红陶、夹砂红陶、泥质红陶、夹砂内红外灰陶、夹蚌内黑外红

图一　陈家坟疙瘩遗址远景

图二　陈家坟疙瘩遗址地表陶片

图三　陈家坟疙瘩遗址断崖上的灰坑遗迹

图四 陈家坟疙瘩遗址地表植被

图五 陈家坟疙瘩遗址采集陶片

陶八种。其中夹砂红陶最多，约占37.2%；夹砂灰陶次之，约占36%；夹蚌灰陶最少，约占1.2%；泥质灰陶、红陶和夹蚌红陶分别约占5.5%、3.7%和8.5%；夹砂内红外灰陶、夹蚌内黑外红陶分别占7.3%、0.6%。纹饰中绳纹约占42.1%，素面约占54.3%，弦断绳纹约占2.4%，弦纹和黑彩均约占0.6%。采集的陶片中口沿23件、器底5件、錾耳1件，器形多为陶罐，从这些陶片看，遗址主要时代为东周时期。

二、倒拉嘴遗址

遗址位于涿鹿县大堡镇倒拉嘴村，坐标为北纬40°04.9681′、东经115°04.7602′，海拔高度为1172米。在该遗址曾出土过春秋时期的墓葬，出土了一些铜器和金器。整个遗址分布范围很大（图六-图九），但由于附近砖厂取土破坏严重，在遗址台地上，部分地方种植玉米等庄稼，剩余的地方大都生长着较为茂密的草。此次调查共采集陶片103片（图一○），有夹砂红陶、夹蚌红陶、泥质红陶、夹砂灰陶、夹蚌灰陶和泥质灰陶六种。泥质灰陶最多，61片，占59.2%；夹蚌灰陶和红陶最少，都是各为1片，均占1%；夹砂红陶、泥质红陶、夹砂灰陶分别占6.8%、10.7%、21.4%。从纹饰看，绳纹48片，占46.6%；素面33片，占32%；弦断绳纹17片，占16.5%；弦纹3片，占2.9%；刻划纹和戳印纹都是1片，占0.1%。另采集到瓷片19片。采集的陶片包括豆柄2个，均为泥质灰陶素面；口沿10个，7个为泥质灰陶素面，泥质灰陶弦断绳纹、夹砂灰陶素面、夹砂灰陶绳纹各1个；器底4个，2个为泥质灰陶素面，夹砂灰陶素面和泥质灰陶弦纹各1个。可辨器形包括陶豆、陶罐、陶盆等，从采集的陶片看，遗址主要时代为东周时期。

图六　倒拉嘴遗址上取土的砖厂

图七　倒拉嘴遗址地表植被

图八　倒拉嘴遗址断崖上的陶片

图九　倒拉嘴遗址踏查

图一〇　倒拉嘴遗址采集的部分陶片

涿鹿故城遗址新发现的鹿纹和人面纹瓦当*

涿鹿故城（黄帝城）遗址位于河北省涿鹿县矾山镇三堡村北，地处涿鹿县矾山盆地中。遗址平面为不规则四边形，南北长500余米，东西宽450~500米，城址周围存有高低不等的城墙。2014年7月至9月，河北省文物研究所、吉林大学边疆考古研究中心和涿鹿县文物局对该遗址进行了联合发掘，出土了比较丰富的遗物[1]。遗物中包含了一定数量的瓦当等建筑构件，其中以鹿纹和人面纹瓦当最具特色。

一、鹿纹瓦当

共发现6件，依据外形差异可分为两型。

A型　半圆瓦当，5件，形制和图案均相同，泥质灰瓦，瓦当上装饰一只奔跑的回首鹿纹，形态非常优美，在鹿头右侧似乎有一个双腿叉开站立的人的形象，人的面部表情隐约可见。2014HZHT2009③:4，保存完整，鹿头部有火烧痕迹，直径约18厘米（图一，1；图二）。2014HZHT2001③:4，残，仅保存鹿纹上半部和一小块人的形象，残长13.5厘米（图一，2；图三）。2014HZHT2002③:6，残，已不见瓦当圆边，但大部分鹿纹均保存下来，残长10.5厘米（图一，3；图四）。2014HZHT2003③:2，瓦当圆边已完全残损，仅保留鹿纹的前半部和人的下半身，残长10厘米（图一，4；图五）。2014HZHT2008②:7，瓦当圆边完全残损，保留鹿纹的前半部和人的下半身，残长10.7厘米（图一，5；图六）。

B型　圆瓦当，仅发现1件。2014HZHT2002③:5，泥质灰瓦，残存约四分之一，瓦当上有奔跑的回首鹿纹图案，中心可能有圆圈装饰，残存最大径约9厘米（图一，6；图七）。

二、人面纹瓦当

共发现3件，圆瓦当，图案基本一致，呈现的是人面笑脸的形象，眉眼深邃，双目突出，炯炯有神，圆锥状鼻子，鼻孔下有两条短线与嘴部相连，嘴部张开，嘴边上下均有两条双短线胡须。2014HZHT2005③:10，保存完整，直径19.5厘米（图八，1；图九）。2014HZHT2004③:1，保存完整，直径15.5厘米（图八，2；图一〇）。2014HZHT2010③:8，残，仅存人面下半部嘴和胡须部分，

---

*　原题为《河北涿鹿故城遗址新发现的鹿纹和人面纹瓦当》，载《考古与文物》2017年第6期。

图一 涿鹿故城出土鹿纹瓦当

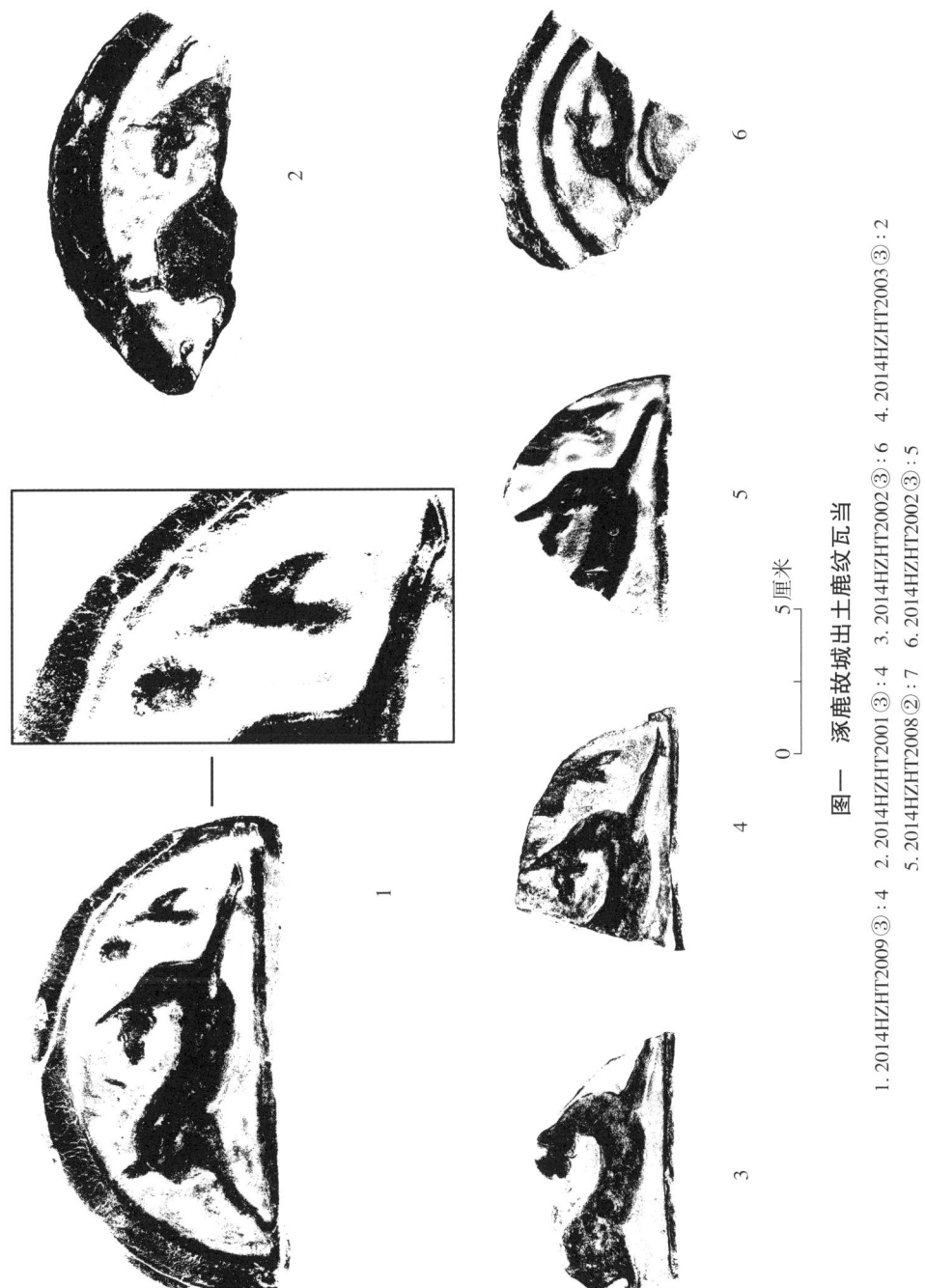

1. 2014HZHT2009③:4 2. 2014HZHT2001③:4 3. 2014HZHT2002③:6 4. 2014HZHT2003③:2
5. 2014HZHT2008②:7 6. 2014HZHT2002③:5

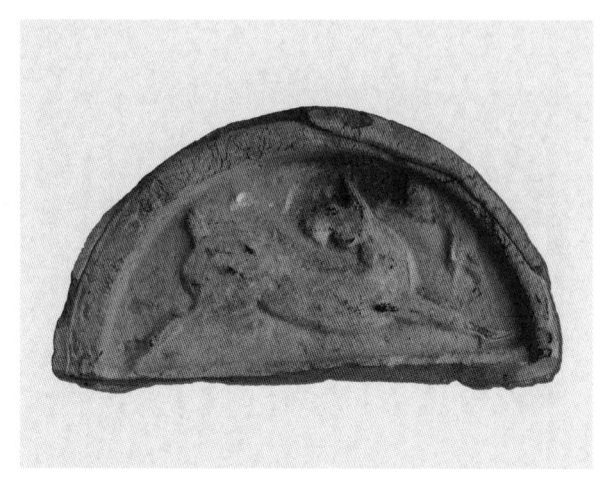

图二　鹿纹瓦当（2014HZHT2009③∶4）

图三　鹿纹瓦当（2014HZHT2001③∶4）

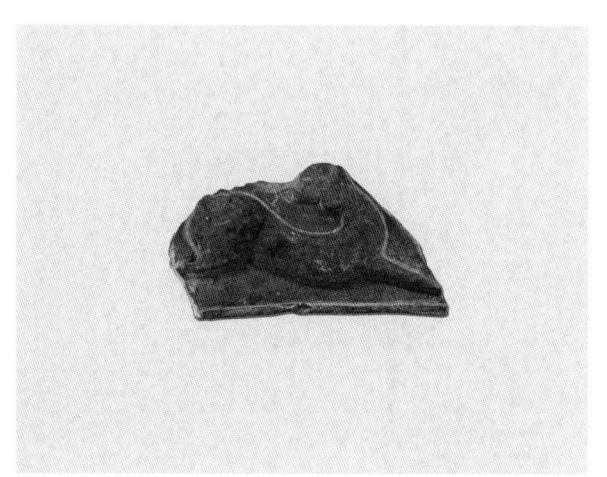

图四　鹿纹瓦当（2014HZHT2002③∶6）

图五　鹿纹瓦当（2014HZHT2003③∶2）

图六　鹿纹瓦当（2014HZHT2008②∶7）

图七　鹿纹瓦当（2014HZHT2002③∶5）

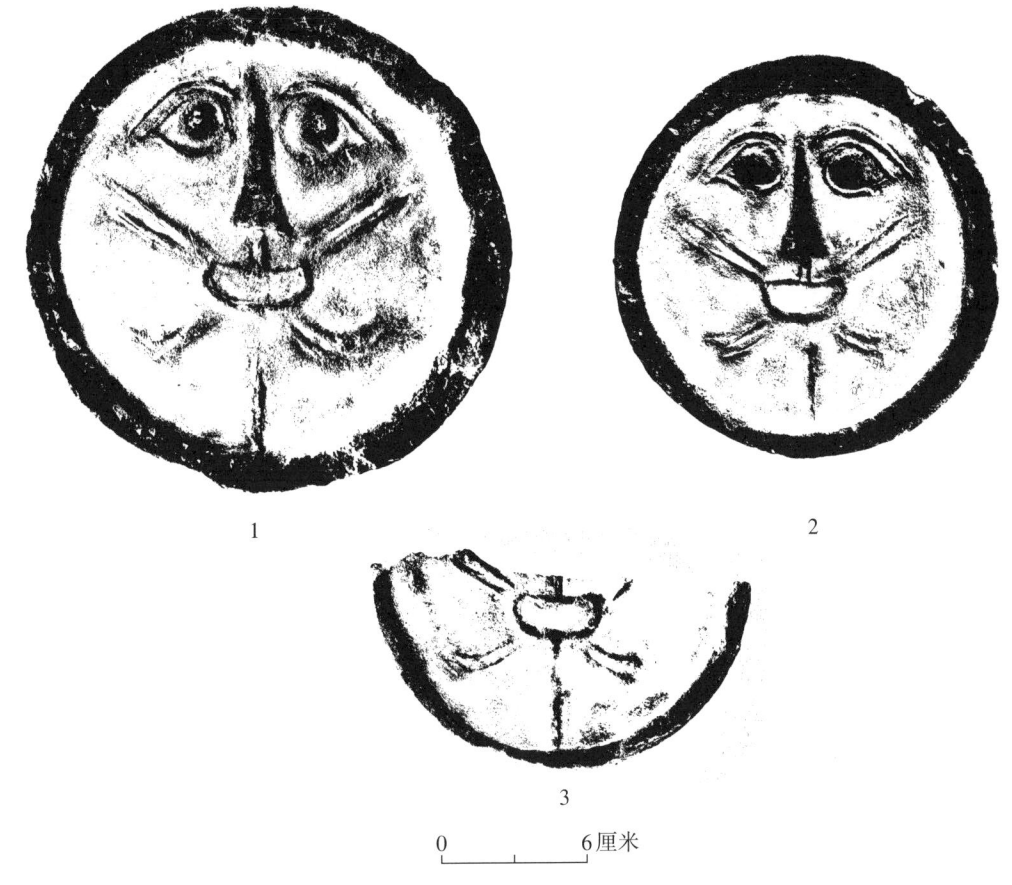

图八 涿鹿故城出土人面纹瓦当

1. 2014HZHT2005③:10   2. 2014HZHT2004③:1   3. 2014HZHT2010③:8

图九 人面纹瓦当(2014HZHT2005③:10)    **图一〇 人面纹瓦当(2014HZHT2004③:1)**

图一一　人面纹瓦当（2014HZHT2010③：8）

直径约15.3厘米（图八，3；图一一）。

涿鹿故城新发现的9件鹿纹和人面纹瓦当均为2014年发掘出土的器物，有明确的地层，除1件出自第②层外，其余均出自第③层。因此涿鹿故城的使用年代对于判定这些瓦当的年代至关重要。

涿鹿故城，又称黄帝城，在20世纪90年代初时，曾进行过考古调查，在城内采集的布币、刀币、半两和五铢钱等遗物均属于战国和汉时期，因此调查者认为涿鹿故城（黄帝城）"年代在战国、汉时期，东汉以后废弃"[2]。我们2014年的发掘与调查情况大致与之相似，出土的包括五铢、半两和货泉铜钱、云纹瓦当和少量刻有"年""富"等字的瓦当残片等大部分遗物都属于秦汉时期，晚于汉代的遗物数量非常少，仅有少量的辽代瓷片和清代铜钱等。考虑到出土的部分战国时期陶片，涿鹿故城的主要使用年代可能在战国到汉时期，2014年发掘的第②层和③层也属于这个时代范围。但值得注意的是，在对城墙解剖时，在城墙墙基下发现了一座灰坑，出土的陶片属于晚商到商周之际，这表明涿鹿故城在建造之前，遗址范围内已经有人居住了，但城内的早期遗存已基本被战国到汉代人群的生产和生活活动完全破坏。从上面的情况看，此次新发现的鹿纹和人面纹瓦当年代也在战国到汉代。

瓦当是中国古代非常重要的建筑构件，依据形状可分为半圆瓦当和圆瓦当，目前发现的年代最早的瓦当出自陕西扶风、岐山一带周原西周中晚期地层中，均为半圆瓦当。战国时期瓦当的使用已经非常广泛，到秦汉时期瓦当呈现出数量多、种类繁、工艺精等特点[3]。涿鹿故城发现的鹿纹瓦当，多为半圆瓦当，回首奔鹿纹图像生气盎然，鹿的形体逼真，身躯矫健优美，充满了活力，将鹿善于奔跑的特性刻画得淋漓尽致，鹿头右侧站立的人的形象面部刻画较细，人与鹿共存，给人以无尽的遐想。从发表的资料看，目前尚未发现与之相同的瓦当。在陕西地区战国秦遗址中也发现颇具特色的鹿纹瓦当，造型非常优美，有鹿奔跑和回首等图案（图一二，1、2）；但是与涿鹿故城的鹿纹瓦当不同，均为圆瓦当，而且所有鹿都有明显的鹿角，也不见刻画较细的人的形象。陕西地区鹿纹瓦当的纹饰变化是从单体动物发展为复合动物，这种单体当面无格瓦当年代在战国前期至中期[4]。

其他地区发现的单体动物纹半圆瓦当数量不多，在战国平山灵寿城、渤海湾东周遗址和山东章丘平陵遗址都有出土[5]。虽同为单体动物纹，但以上半圆瓦当的图案与涿鹿故城的鹿纹瓦当风格差异非常明显，很难与之联系在一起。

因此，涿鹿故城出土的鹿纹瓦当尚无明确的来源，但我们可以发现一些相关的线索。首先，涿鹿这一古代地名中就有"鹿"字，《水经注》载，"涿水出涿鹿山，世谓之张公泉（今阪泉），东北流迳涿鹿县故城南"[7]。现在虽然还无法确定涿鹿与涿鹿山的关系，但从涿鹿山的称呼看，极有可能山上有大量的鹿等野生动物，而且这里距燕山和坝上草原也很近，似乎表明对于

图一二　战国时期秦国出土的鹿纹瓦当[6]
1. 陕西凤翔石家营乡南古城村采集　2. 陕西凤翔豆腐村遗址采集

涿鹿故城古代人群来说，鹿这种动物非常常见，与大量的野生动物的频繁接触可能是其艺术创造的来源之一。另外，涿鹿地区在东周时期是中国北方文化的分布区，而动物纹装饰是中国北方地区青铜文化最为典型的特征之一，在春秋中期到战国早期，河北北部和北京地区分布着发达的玉皇庙文化[8]，该文化中动物纹装饰艺术异常发达，在北京军都山玉皇庙墓地出土了大量的动物纹牌饰，其中就包括造型优美的鹿纹装饰[9]，最近出版的延庆胡家营遗址发掘报告显示，玉皇庙文化人群在战国中期以后逐渐融入燕文化中[10]。因此，涿鹿故城居民中极有可能融入了部分玉皇庙文化为代表的北方人群，鹿纹瓦当人与鹿的图案显然是北方人群工匠的艺术风格。

涿鹿故城出土的人面纹瓦当均为圆瓦当，人面造型写实性与夸张性融于一体，也十分有特色。有学者认为人面纹瓦当具有镇火祛灾、压胜辟邪的含义[11]。目前发现的人面纹瓦当最早见于战国时期，但先秦时期人面纹瓦都是半圆瓦当，多为抽象的图案，来源于兽面纹瓦当，具象人面纹瓦当非常罕见[12]。战国时期的齐临淄城、燕下都遗址虽有发现[13]，但风格与涿鹿故城的人面纹瓦当差别很大。人面纹圆瓦当出现的时间要晚一些，而且分布非常集中，主要出土于六朝时期的南京地区，数量多，种类丰富。根据已有的研究，这些瓦当的年代大致为从孙吴到西晋时期[14]。虽然南京六朝时期的人面纹瓦当数量和种类都很丰富，但图案线条比较复杂（图一三，2-4），没有与涿鹿故城人面纹瓦当形制一致的，而且年代也要晚很多。除了南京地区外，其他地区发现的这种早期人面纹圆瓦当数量极少，在山东章丘东平陵故城出土1件，圆形眼、柱状鼻，长弧形眉交于鼻梁上方，以倒V字形短线代替嘴，嘴角四条胡须，直径17.5厘米（图一三，1），属于西汉时期[15]。这件瓦当与涿鹿故城人面纹瓦当风格有些相似，线条非常简单，而且都有四条胡须，但二者的嘴、眉毛和眼睛差别明显，此外涿鹿故城的人面纹圆瓦当四条胡须均为双短线，这一点也与山东的这件不同。

图一三 其他地区出土的圆形人面纹瓦当
1.山东东平陵故城出土　2-4.南京城出土

从上面的分析看，汉代以前的人面纹瓦当均为半圆瓦当，风格迥异，很难将它们与涿鹿故城的人面纹瓦当联系起来。而山东地区出土的1件人面纹圆瓦当与涿鹿故城的同类器风格有些相似，可能属于同一时代，但二者的差异也比较明显，探讨二者的来源仍需更多的资料。有学者认为六朝时期南京地区的人面纹瓦当的起源可能与山东地区的早期瓦当有关[16]，涿鹿故城此次出土的3件人面纹圆瓦当为探讨六朝时期南京地区人面纹瓦当的来源提供了新的线索。

此次涿鹿故城发现的鹿纹和人面纹瓦当，造型图案独具特色，具有极高的艺术价值，而且在已发表的资料中并无相同的形制，反映了当时涿鹿故城居民丰富的艺术内涵。涿鹿故城出土的这批鹿纹和人面纹瓦当为研究古代瓦当和建筑艺术提供了宝贵的资料。

注　释

[1] 2014年涿鹿故城发掘资料由作者整理。
[2] 刘建华：《张家口地区战国时期古城址调查发现与研究》，《文物春秋》1993年第4期。

[3] 刘庆柱:《战国秦汉瓦当研究》,《汉唐与边疆考古研究》第一辑,科学出版社,1994年。
[4] 申云艳:《中国古代瓦当研究》,文物出版社,2006年。
[5] 申云艳:《中国古代瓦当研究》,文物出版社,2006年,图四十七。
[6] 赵力光:《中国古代瓦当词典》,文物出版社,1998年,图44、图45。
[7] 郦道元:《水经注》卷十三,浙江古籍出版社,2013年,第180页。
[8] 滕铭予、张亮:《东周时期冀北山地玉皇庙文化的中原文化因素》,《考古学报》2014年第4期。
[9] 北京市文物研究所:《军都山墓地》,科学出版社,2007年。
[10] 北京市文物研究所:《延庆胡家营》,科学出版社,2015年。
[11] 王志高、马涛:《论南京大行宫出土的孙吴云纹瓦当和人面纹瓦当》,《文物》2007年第1期。
[12] 洪梅:《先秦时期瓦当中的兽面纹与人面纹》,《东南文化》2008年第3期。
[13] 王飞峰:《汉唐时期东亚文化的交流——以人面纹瓦为中心》,《边疆考古研究》第7辑,科学出版社,2008年。
[14] 贺云翔:《南京出土的六朝人面纹与兽面纹瓦当》,《文物》2003年第7期。
[15] 山东省文物考古研究所:《新中国出土瓦当集录(齐临淄卷)》,西北大学出版社,1999年,图三三三。
[16] 贺云翔:《南京出土的六朝人面纹与兽面纹瓦当》,《文物》2003年第7期。

后　　记

这本报告集，是吉林大学考古团队在涿鹿县所做工作的阶段性总结。内容以报道基础材料为主，还包括对一些问题的初步认识和专题研究。其中的部分材料已公开发表过。

在涿鹿的工作持续了五年时间。这是我第二次参与时间跨度较长的田野考古工作，上一次是在诗城奉节的白帝城下。为配合三峡库区建设，自1997年初见依斗门码头，2001年转战鱼腹浦，直到2010年8月《奉节宝塔坪》考古发掘报告出版，在峡江的工作才算暂告段落。峡江的春花、秋叶、猿啼、蝉鸣，一直在现实和梦境中交替出现。这段经历于我，不仅是时间流逝所呈现出的因果关系，也是梦境与现实反复磨合直到融合的锤炼过程。那些锤炼所留下的印记，当下仍清晰可见。本来我以为不可调和的、难以改变的认知和习惯的矛盾，随着岁月的流逝，终于变成了代表我身份的那一枚硬币的两面。

从白帝城到黄帝城，带着那枚硬币，又一个他乡成了故乡。

因为负责"涿鹿故城及周边遗址考古勘探与调查"项目，我开始了在涿鹿的工作和生活。在这里，品过四季变幻，行过旷野山村，仰望过星空，点燃过篝火，欣喜过、失落过、酩酊过、狂歌过、大笑过、嚎哭过。如今忆起，真是一段色彩斑斓的好日子。

考古队的野外驻地，设在矾山镇的三堡村。村口的影壁墙上，写着"幸福"与"和谐"。从驻地步行五分钟，就到了黄帝城。虽然"涿鹿故城"才是它最正式的名字，但我还是和当地老乡一样，习惯用"黄帝城"这个颇具神话色彩的名字，来呼唤这座与我们相互陪伴了很久的古城。

与古城的缘分，始于2007年。当时为了配合纪录片《发现黄帝城》的拍摄，曾以华北地区古代人群的变迁为题，做过一些限于已发表资料和观点的整理工作。对黄帝城最初的印象，也都来自那部纪录片。之后暂无交集，这个名字在记忆里就逐渐模糊了。

之后，得以与古城再续前缘。2014年夏，河北省文物研究所与吉林大学边疆考古研究中心合作，对涿鹿故城遗址进行了一次科学发掘。吉林大学2012级文物与博物馆学专业学生的田野实践教学工作，也被安排在此开展。我和挚友会秋一起，作为发掘领队和指导教师，第一次踏进古城，满怀期待。河北省文物局、河北省文物研究所、涿鹿县政府、涿鹿县文物局的领导和同事们，在工作开展之初，用他们的工作热情和敬业精神给予了我们最大的支持。在大家的共同努力下，当年的田野发掘和教学工作得以圆满完成。

自2015年10月起，受涿鹿县文化体育广电新闻出版局委托，我与同事会秋、春雪一起，又组建了新的工作团队,以涿鹿故城为重心,在县境内开展了一系列相对系统的调查、勘探和试掘工作。以此项目为依托,吉林大学2014级文物与博物馆专业的部分同学也在涿鹿故城完成了田野考古实践的培训,并在后期参与了发掘材料的整理与刊布。

我的好奇心一直强于执行力,惰性也强于忍耐力。此间种种收获,都得益于挚友们的配合与督促。回顾整个项目的运行,虽不能称之为完美无缺,但在群策群力的驱动之下,并没有留下难以弥补的遗憾。

感谢张文瑞先生、高小卫先生、李文斌先生、陈文会先生、赵晓芳先生!

感谢曾参与过和支持过我们工作的所有同事!

感谢一直默默付出,让我们可以安心在野外工作的亲人和朋友!

这本书是一份答卷,也是一份礼物。那些我们永远也不会有机会直接面对的古代人生,能在各位的支持和帮助下,有这样一个机会去体验、去感受、去思考、去领悟,于我们是莫大的荣幸。

为之记。

魏　东
辛丑春日于蓟燕之野比白斋

图　版

图版一　涿鹿故城遗址M1出土铜豆（M1∶1）

0　　　6厘米

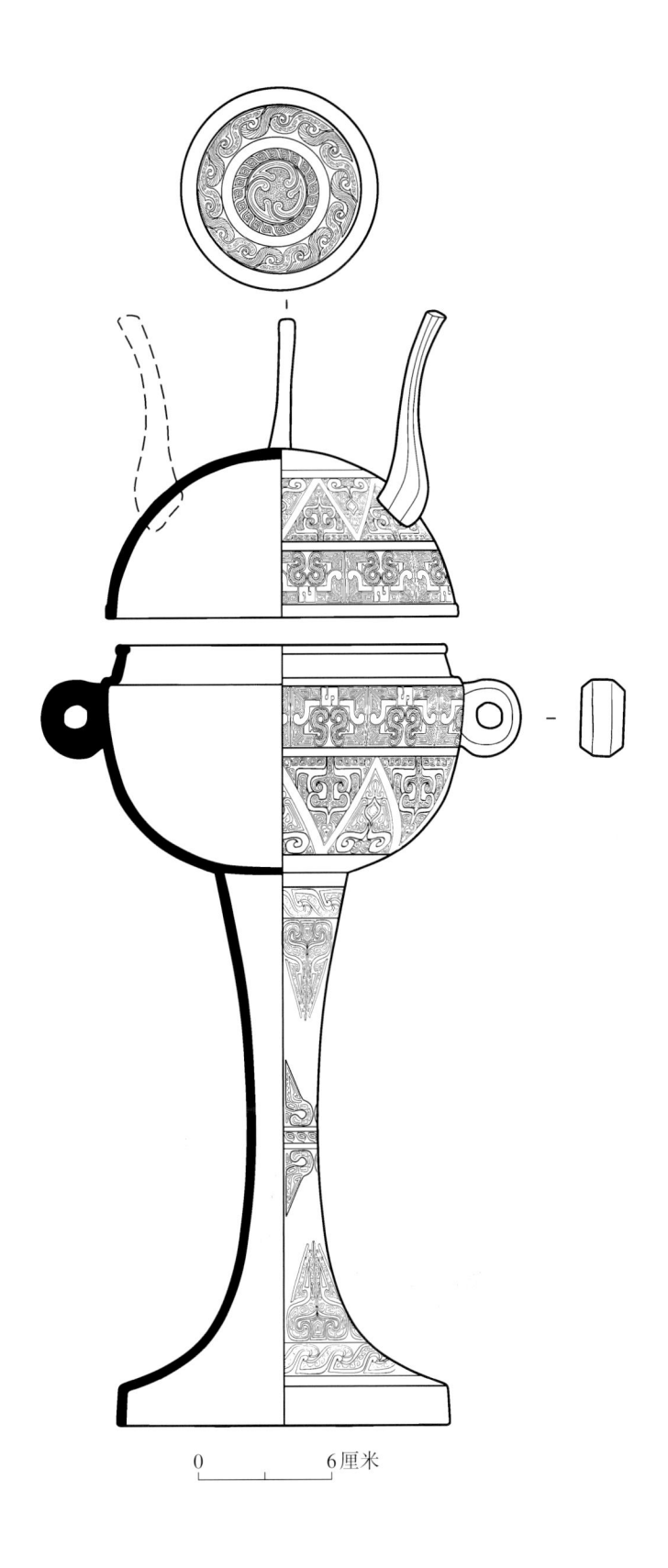

图版二　涿鹿故城遗址 M1 出土铜豆（M1∶1）线图

图版五　涿鹿故城遗址M1出土铜鼎（M1∶22）

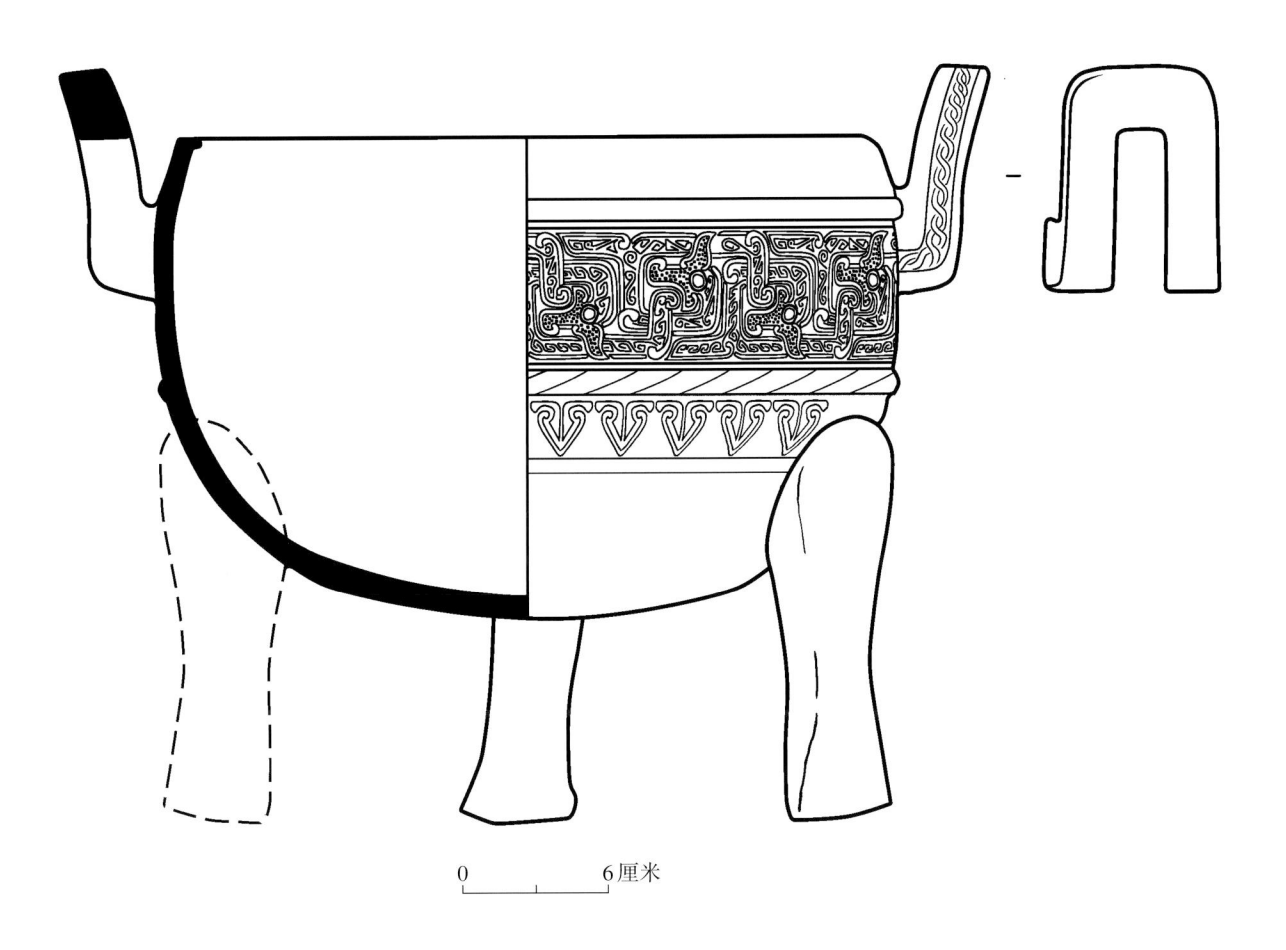

图版六　涿鹿故城遗址M1出土铜鼎（M1∶22）线图

图版九　涿鹿故城遗址 M1 出土铜鼎（M1∶25）

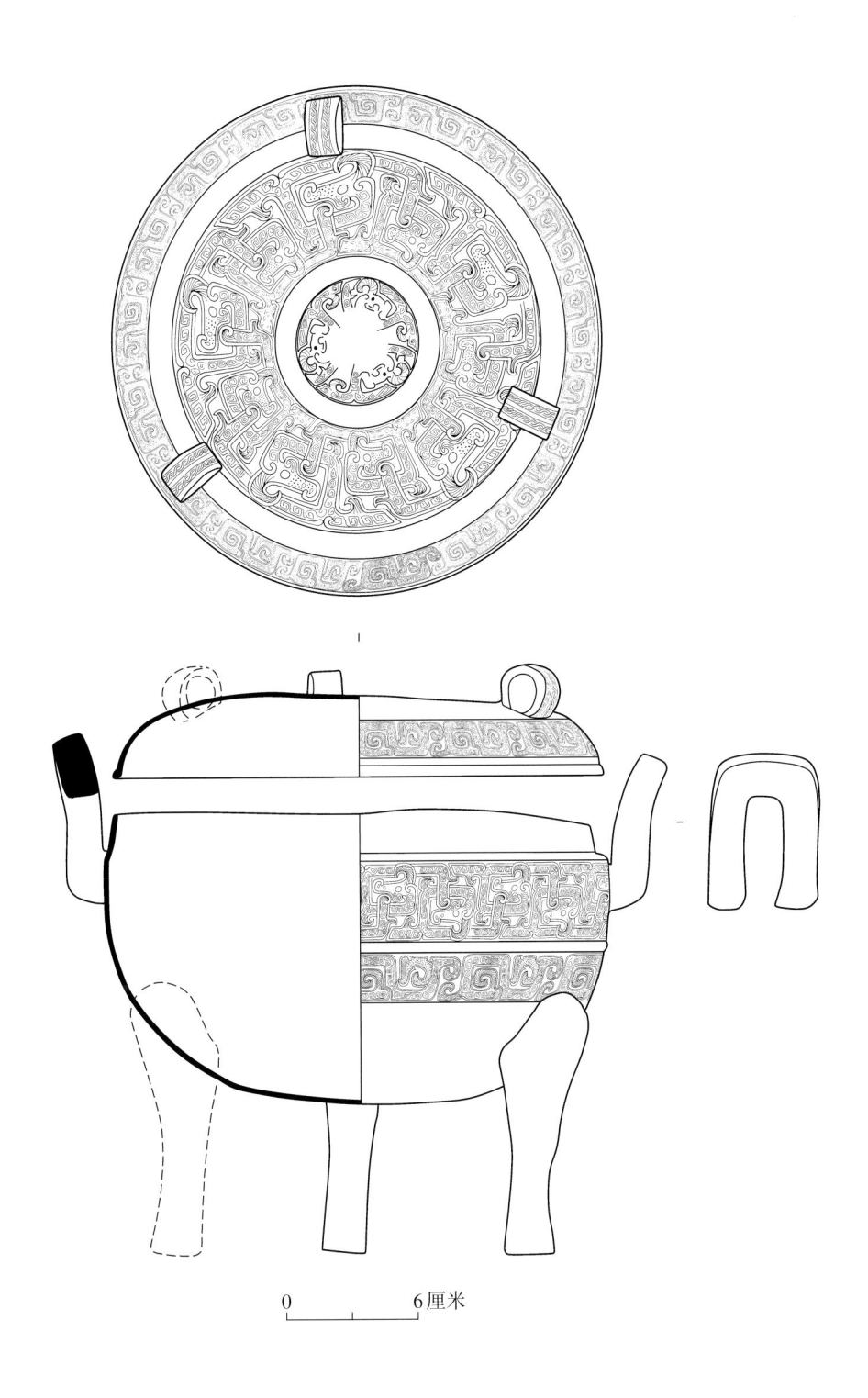

图版一〇　涿鹿故城遗址 M1 出土铜鼎（M1∶25）线图

图版一一　涿鹿故城遗址 M1 出土铜匜（M1∶26）

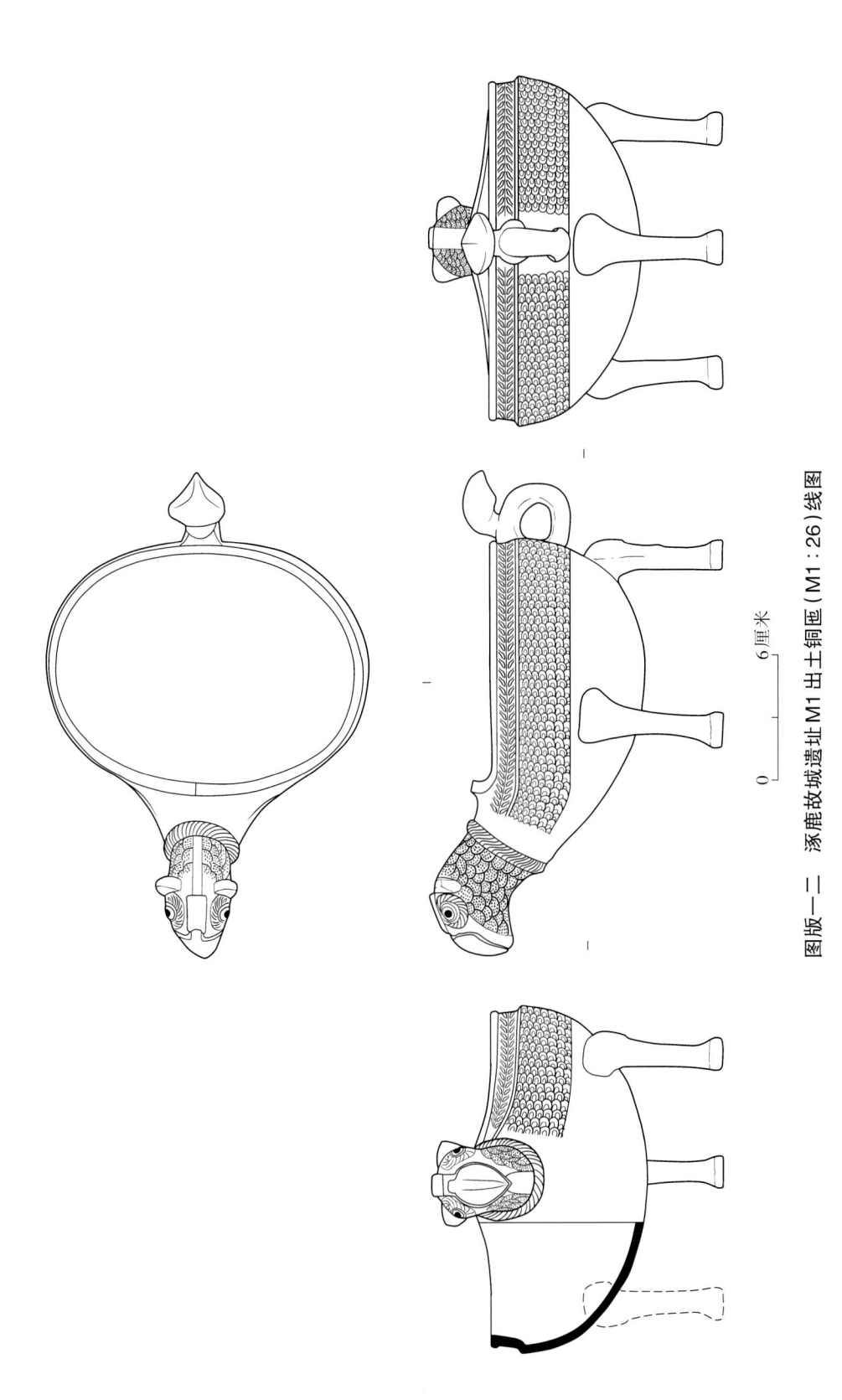

图版一二 涿鹿故城遗址 M1 出土铜匜（M1∶26）线图

图版一三　涿鹿故城遗址 M1 出土铜壶（M1∶28）

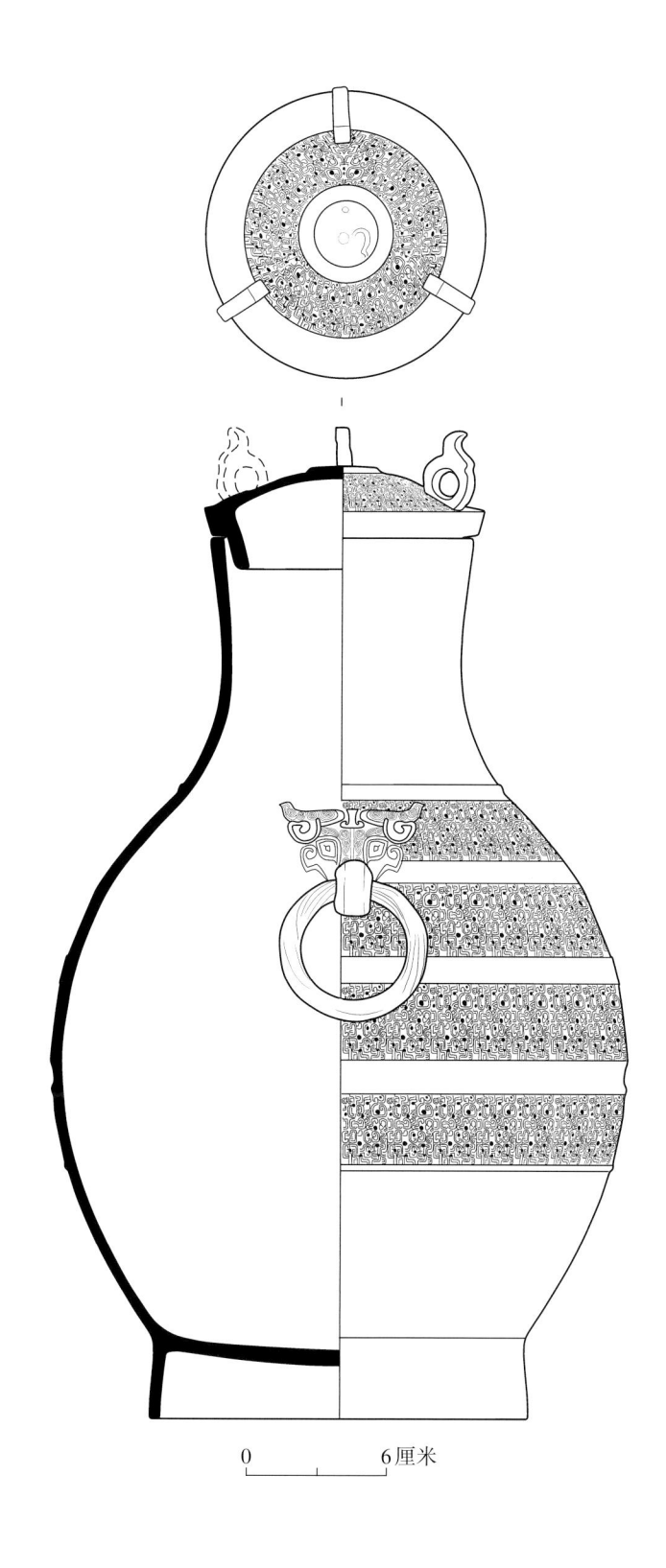

图版一四　涿鹿故城遗址M1出土铜壶（M1∶28）线图

图版一七　涿鹿故城遗址 M1 出土彩绘陶壶（M1∶31）

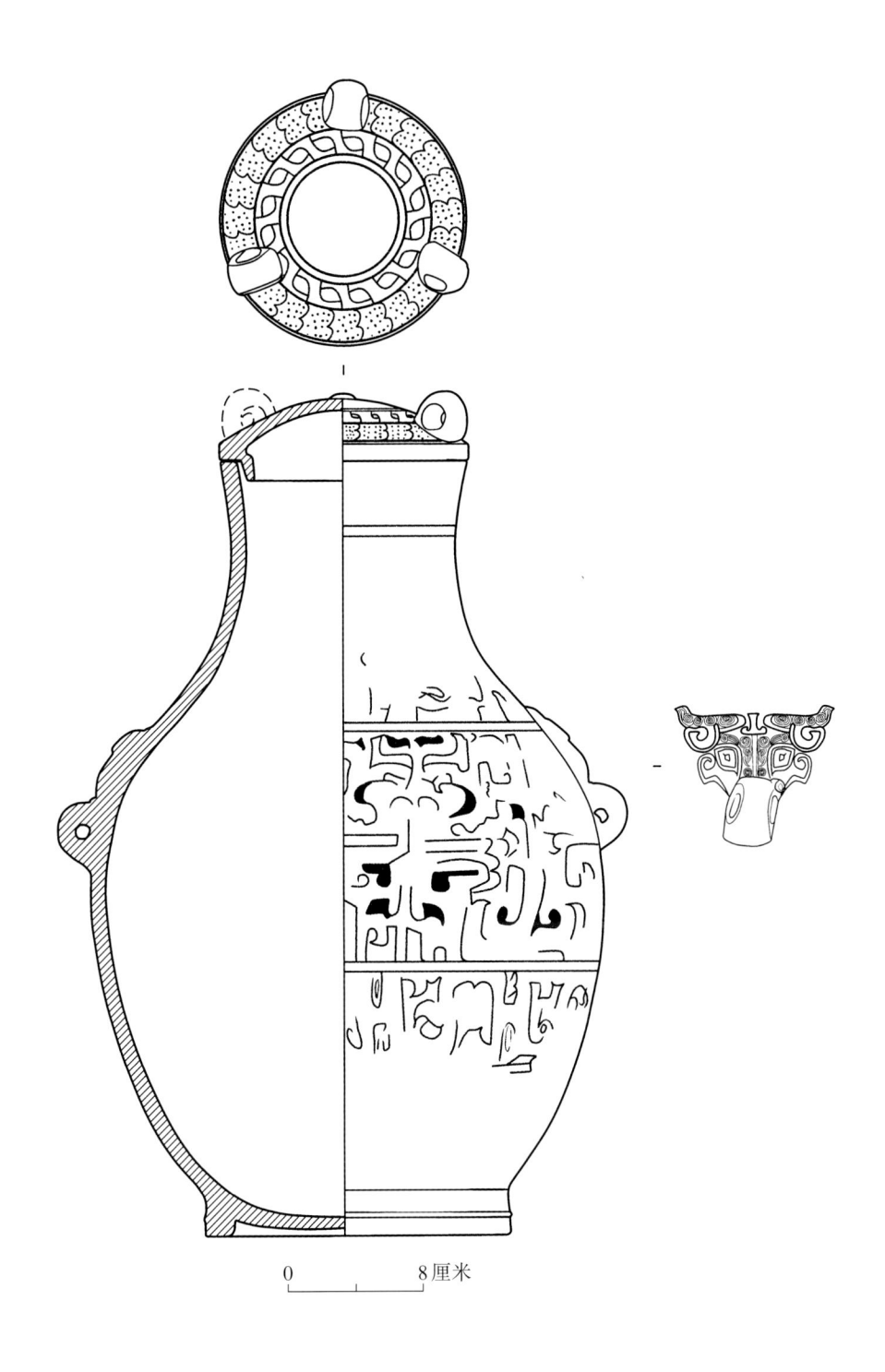

图版一八　涿鹿故城遗址 M1 出土彩绘陶壶（M1∶31）线图

图版一九　涿鹿故城遗址M2出土铜豆（M2∶29）

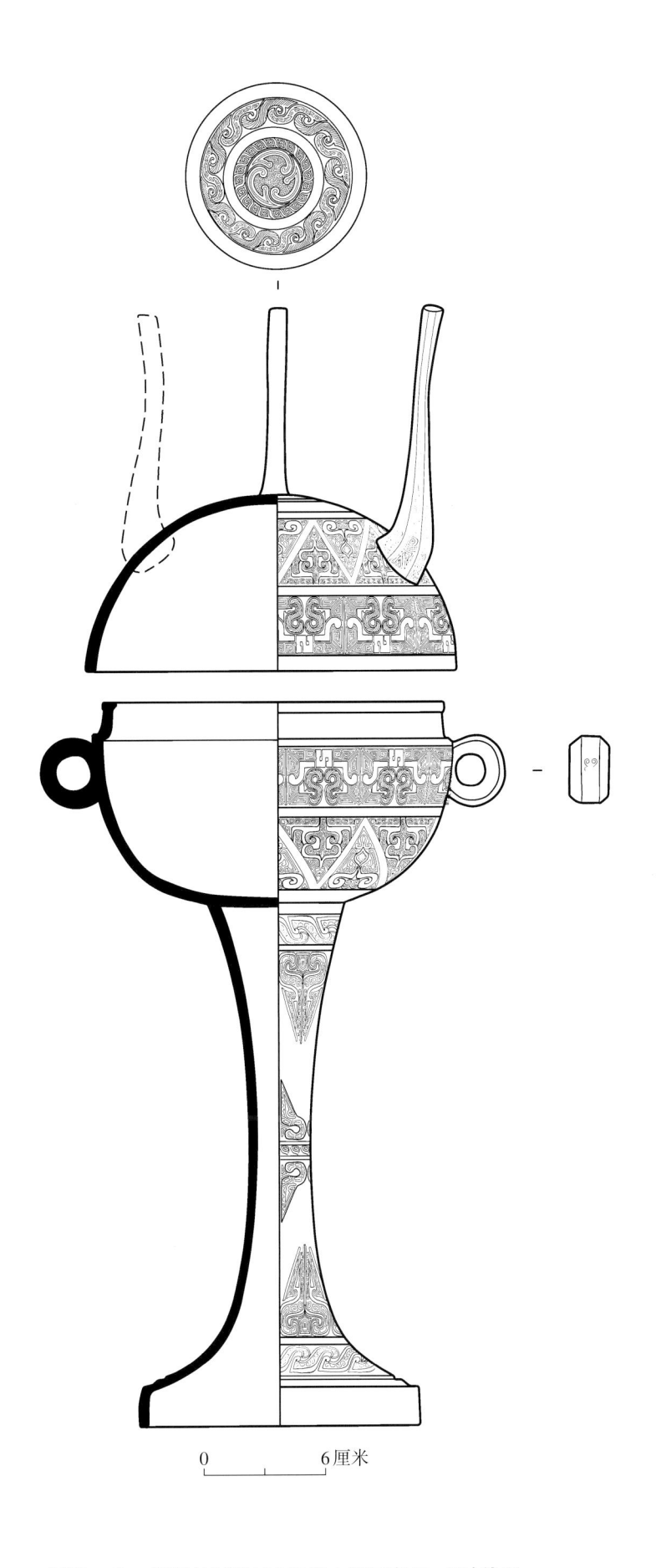

图版二〇 涿鹿故城遗址 M2 出土铜豆（M2∶29）线图

图版二一　涿鹿故城遗址 M2 出土铜豆（M2∶30）

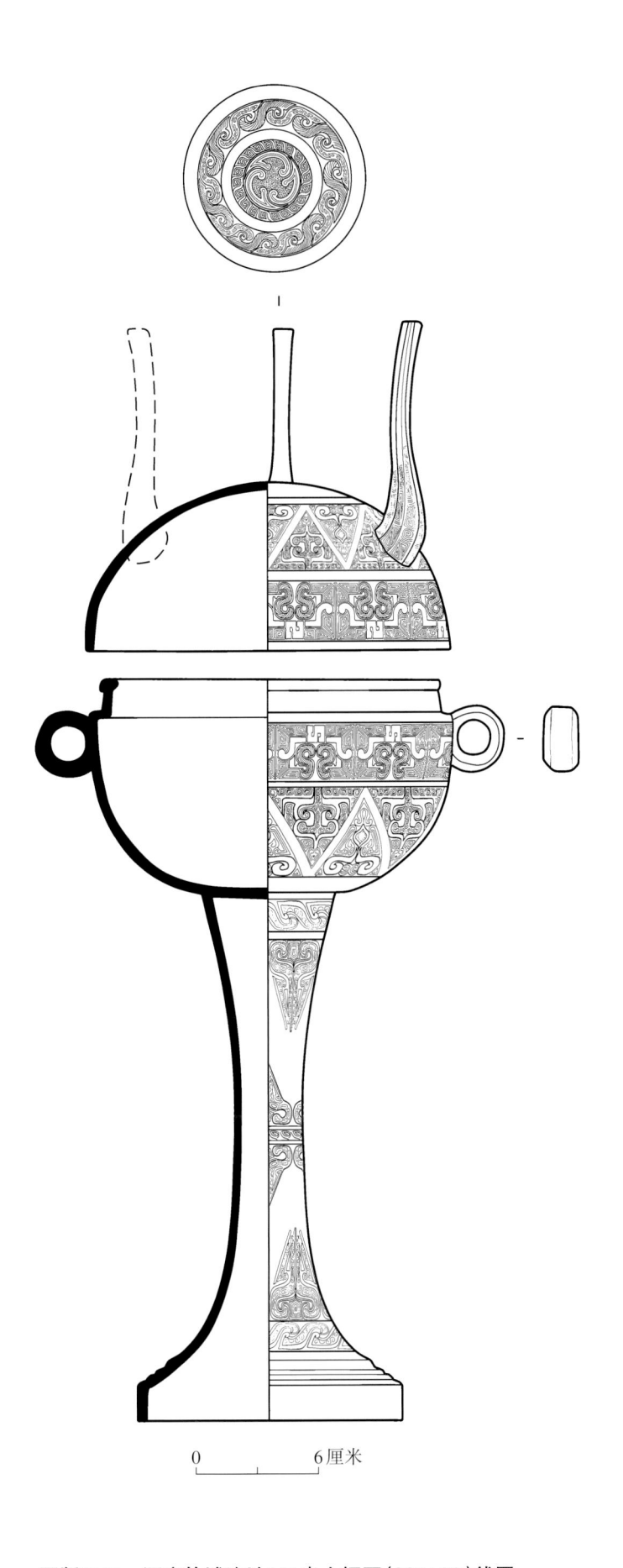

图版二二　涿鹿故城遗址 M2 出土铜豆（M2∶30）线图

图版二三　涿鹿故城遗址 M2 出土铜壶（M2：35）

图版二四 涿鹿故城遗址 M2 出土铜壶（M2∶35）线图

图版二五　涿鹿故城遗址 M2 出土铜鼎（M2∶38）

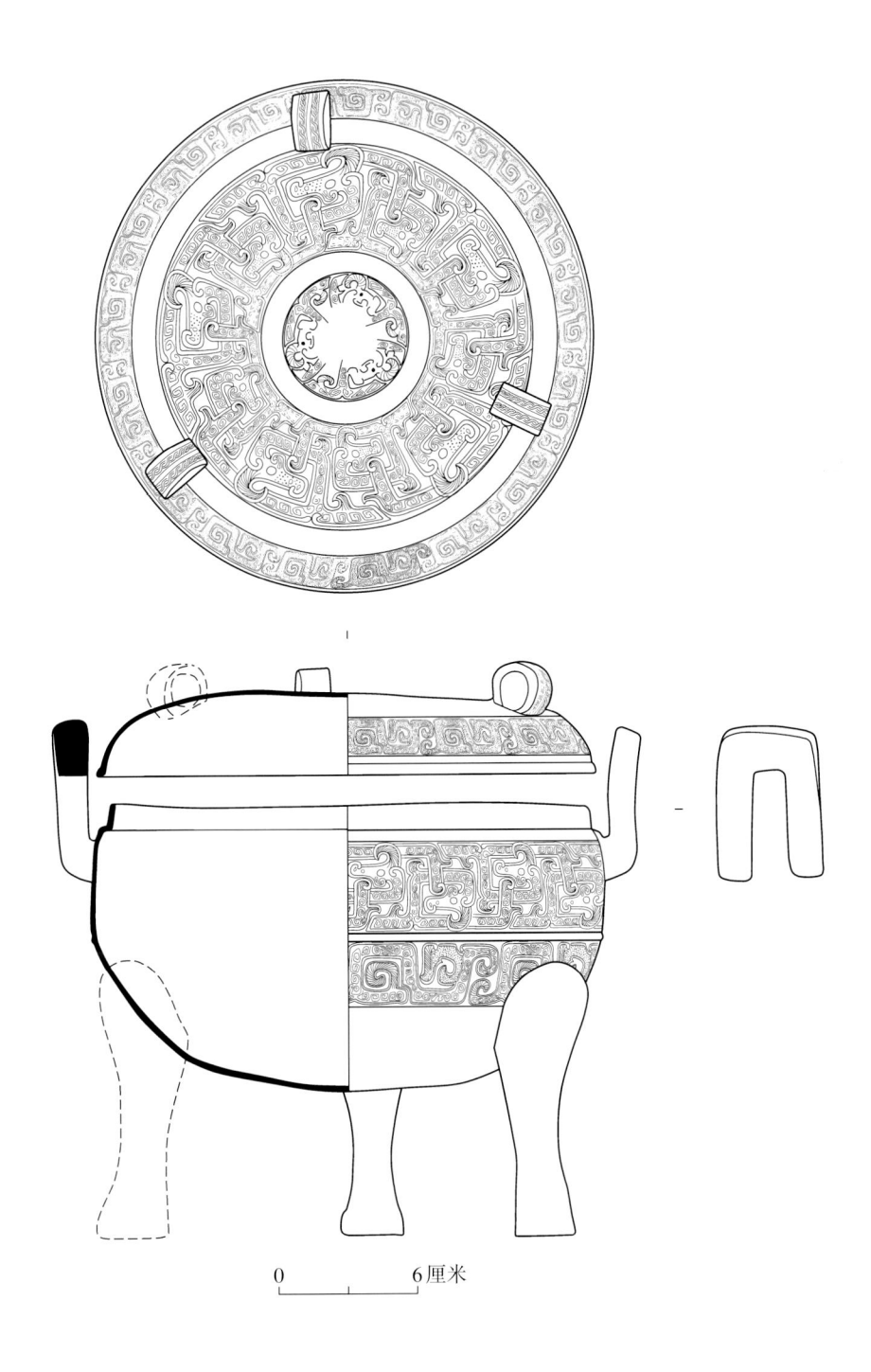

图版二六　涿鹿故城遗址 M2 出土铜鼎（M2∶38）线图

图版二七　涿鹿故城遗址M2出土铜鼎（M2：39）

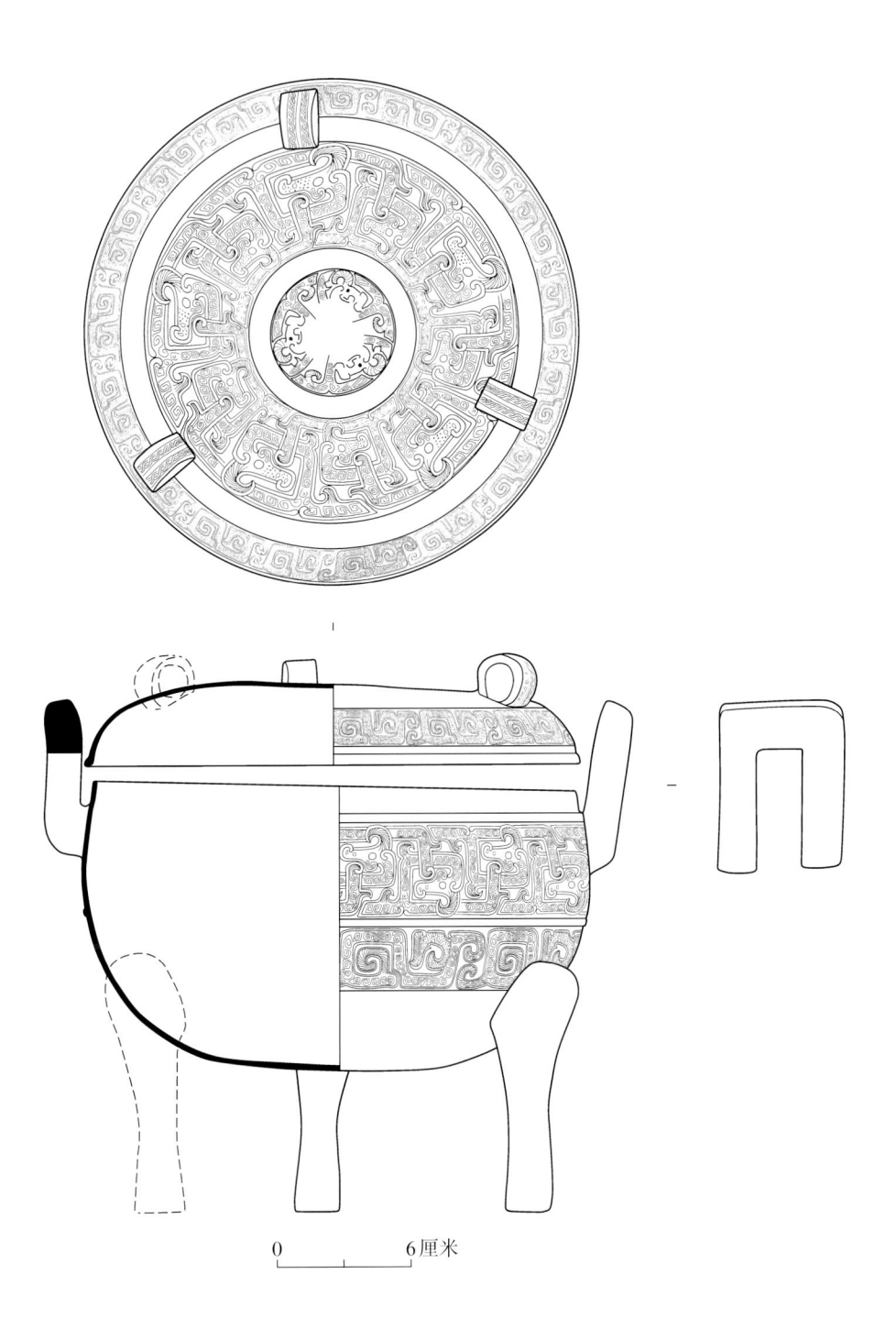

图版二八　涿鹿故城遗址 M2 出土铜鼎（M2∶39）线图

图版二九　涿鹿故城遗址 M2 出土铜鼎（M2∶40）

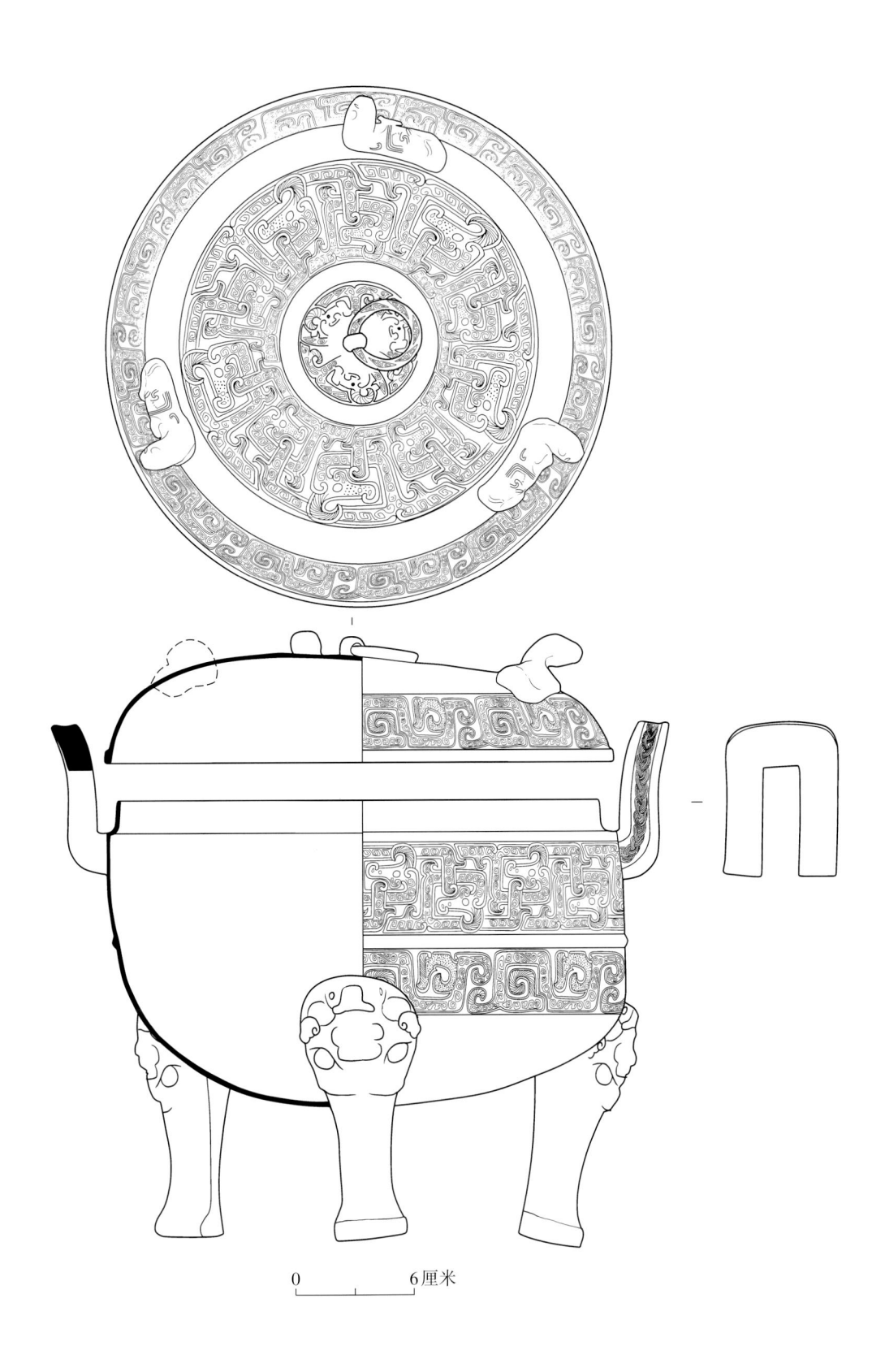

图版三〇 涿鹿故城遗址 M2 出土铜鼎（M2∶40）线图

图版三一　涿鹿故城遗址M2出土铜鼎（M2∶41）

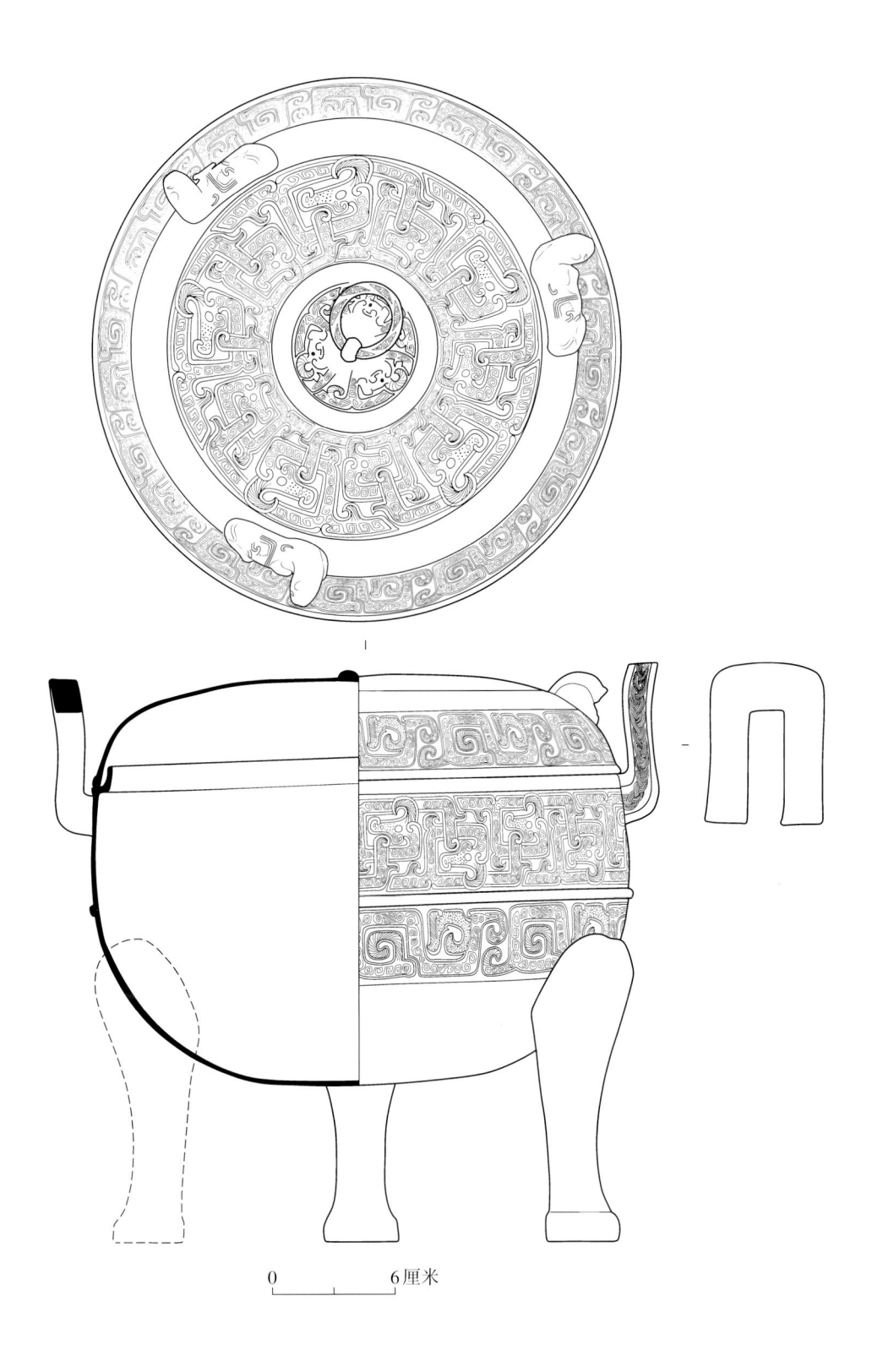

图版三二　涿鹿故城遗址 M2 出土铜鼎（M2∶41）

图版三三　涿鹿故城遗址M2出土陶双联壶（M2∶37）

0 ————— 8厘米

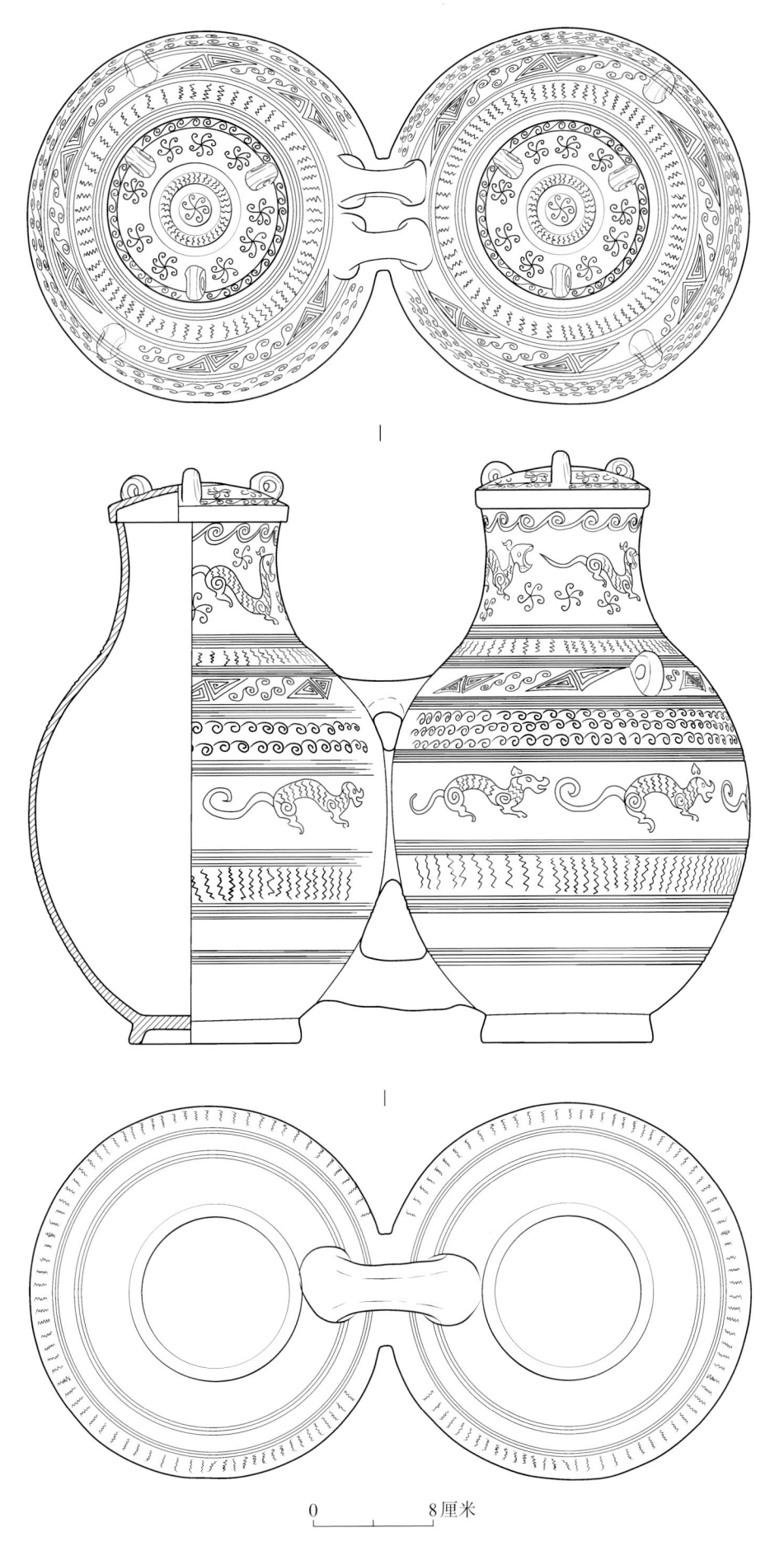

图版三四　涿鹿故城遗址M2出土陶双联壶（M2∶37）线图

1. 玛瑙环（M2:24） 　　2. 玛瑙环（M2:25）

3. 石饰（M2:87） 　　4. 石饰（M2:124）

5. 石饰（M2:125） 　　6. 石饰（M2:134）

图版三五　涿鹿故城遗址M2出土玉器、石饰